Feitiços para amarração: magias para o amor

Maria Helena Farelli

PARA

AMARRAÇÃO

Magias para o amor

3ª edição
5ª reimpressão

Rio de Janeiro
2014

Copyright© 1999
Maria Helena Farelli

Produção editorial
Pallas Editora

Revisão
Maria do Rosário Marinho

Capa
Leonardo Carvalho

Ilustração de capa
Detalhe do quadro "L'arble du pardon" (1881-1882),
de Sir Edward Burne-Jones (1833-1898)

Diagramação
Brown&Brown

Ilustrações de miolo
Renato Martins

Todos os direitos reservados à Pallas Editora e Distribuidora Ltda. É vetada a reprodução por qualquer meio mecânico, eletrônico, xerográfico etc., sem a permissão por escrito da editora, de parte ou totalidade do material escrito.

CIP-BRASIL. CATALOGAÇÃO-NA-FONTE.
SINDICATO NACIONAL DOS EDITORES DE LIVROS, RJ.

F23f	Farelli, Maria Helena
3ª ed.	Feitiços para amarração: magias para o amor / Maria Helena.
5ª reimp.	Farelli; [ilustrações, Renato Martins]. - 3. ed. - Rio de Janeiro: Palas; 2014.
	ISBN 978-85-347-0279-9
	1. Magia. 2. Amor. 3. Feitiçaria e sexo. I. Titulo. II. Título: Magias para o Amor.
99-0722	CDD 133.43
	CDD 133.3

Pallas Editora e Distribuidora Ltda.
Rua Frederico de Albuquerque, 56 – Higienópolis
CEP 21050-840 – Rio de Janeiro – RJ
Tel./fax: (021) 2270-0186
www.pallaseditora.com.br
pallas@pallaseditora.com.br

AGRADECIMENTOS

Aos meus queridos amigos espirituais Cigano Wladimir e Zé Malandro, com quem trabalho em minha casa.

A Déa da Oxum, a Nilza Paes da Silva, à minha maninha Ana Lúcia, ao meu sobrinho Ogã Leopoldo, aos verdadeiros amigos e companheiros pelos caminhos da Umbanda no Rio de Janeiro, babalaôs e ialorixás.

A vocês, leitores, espalhados por todo o Brasil, sempre carinhosos e atentos ao meu trabalho.

Aos membros da equipe do Templo de Magia Cigana e aos alunos do meu Curso de Magia.

Aos milhares de clientes e amigos que confiam no meu jogo de cartas.

Axé e Saúde.

DEDICATÓRIA

Este livro é dedicado aos umbandistas que, após seu dia de trabalho, vão para os terreiros, com suas roupas brancas, cantar e dançar para seus orixás.

É dedicado às ialorixás que com carinho criam seus filhos-de-santo, na árdua tarefa de transferir axé, como manda a religiosidade afro-brasileira.

É dedicado também aos ogãs com suas mãos calosas; aos santeiros, rezadores e raizeiros; aos escritores de Umbanda; aos radialistas que levam a mensagem de sua crença aos milhares de ouvintes fiéis; aos poetas de cordel; aos ciganos, acusados de *ramins* (ladrões) muitas vezes injustamente; aos artesãos das feiras, com sua incrível imaginação; aos que fundem o metal e o transformam em paxorôs, abebês e espadas de Ogum; aos padres da Igreja Brasileira; aos visionários que levam esperança ao povo, andarilhos que vão de cidade em cidade contando seus milagres; aos "loucos de Deus" e, principalmente, a quem tem fé... fé que ajuda a levar o dia-a-dia cansativo e que abre as portas do céu a quem assim o crer; aos românticos, enfim, pois a fé e o amor são os dois sentimentos que mais existem no coração do brasileiro, e deles muitas vezes vivemos.

SUMÁRIO

Prefácio / 11

Introdução / 13

Capítulo 1 – Magia dos Santos Casamenteiros / 15

Capítulo 2 – Quitutes para Prender seu Amado / 29

Capítulo 3 – Receitas de Amor de Pomba-gira / 41

Capítulo 4 – Mirongas dos Orixás Apaixonados / 59

Capítulo 5 – Os Poderes Ciganos / 79

Capítulo 6 – Amor com Todas as Bênçãos / 87

Capítulo 7 – Banhos e Perfumes para o Amor / 107

Anexo / 127

Obras Consultadas / 130

A Autora / 131

PREFÁCIO

Sinto-me feliz ao escrever *Feitiços para Amarração*, um livro que fala de amor, a maior força de atração que existe no universo; que conta as arti-manhas que os amantes fazem para prender seus amores; que fala das lendas dos orixás nagôs, de seus casos de amor, seus casamentos, dengues e ciúmes. Estou feliz por já ter publicado 37 livros sobre magia, umbanda e crenças em geral; e por ter sempre recebido palavras de carinho sobre o meu trabalho.

A tarefa do escritor não é das mais comuns, nem das mais gratas; mas sem dúvida é edificante: escrever é sempre um ato de amor. Mas não me gabo de ser mestre, sábia ou muito importante, por ser hoje em dia uma escritora com tantas obras... não. Como diz a Bíblia, "o operário é digno de seu trabalho"; e meu ofício, como o de um operário, é o de escrever, falar, dar aulas e ler a sorte das pessoas que me procuram, pelas cartas do Tarô.

Meu envolvimento com o espiritismo vem de família: desde menina brincava com o baralho de minha bisavó, cartomante espírita. Tive um tio quiromante; minha avó era espírita kardecista e trabalhou com o Caboclo Ipurinã. Minha mãe é sensitiva e meu pai falava com o Caboclo Ventania nas horas difíceis; minha irmã é ialorixá.

Nasci em um bairro popular, onde cedo aprendi os mistérios dos deuses e demônios, dos santos católicos e dos contos fantásticos (Farelli, 1). Jornalista de profissão, sou e sempre serei povo.

Religiosa como poucos, meu amor místico, meu amigo das horas difíceis, meu Senhor de quem sou serva rebelde, mas mesmo assim "ovelha de seu rebanho", é Jesus de Nazaré. Sem ele nada seria; é a fé nele que me faz caminhar pelas estradas da vida. Creio que em tudo há a mão de Deus, mão que escreveu na parede de um templo antigo e que deixou suas leis no Sinai... mas, como toda brasileira, às vezes acendo minhas velas também para o tinhoso (e que brasileiro não o faz?)... e nelas vão as amarrações, os feitiços, aprendidos nos terreiros de Umbanda e de Candomblé, nas lendas da África, ensinados pela voz de meus irmãos de fé, gente das macumbas, gente simples do Brasil.

Espero que este livro seja de seu interesse e que, em cada um que eu ainda escrever, você possa aprender algo de útil e de interessante, lembrando-se no entanto de que estamos no terreno do insólito, do que existe além da imaginação...

A Autora.

INTRODUÇÃO

De repente, você sente que alguma coisa mudou. Ele, que era carinhoso, anda meio frio, indiferente e, às vezes, fica com aquele olhar perdido, como se sonhasse. O que fazer? Deixar de amá-lo ou lutar com unhas e dentes de tigresa? Ou tentar uma saída honrosa em que nenhum dos dois saia machucado, ferido, insatisfeito? Bem, o que mais se encontra hoje em dia, por onde quer que se ande, são mulheres que se queixam de ser infelizes no amor. Reconhecemos logo as mulheres com "dor-de-cotovelo": elas estão sempre tensas e nervosas, têm as mãos frias e trêmulas e o rosto marcado por noites maldormidas. Elas são as "mal-amadas" e, se a gente pergunta: " – Como vai, tudo bem?", elas nos puxam para um canto e desfiam suas histórias de amor. Quando as atendo jogando baralho, elas quase choram e pedem ajuda ao cigano Wladimir para reconquistar seu amado por meio de um ebó ou feitiço de amor. Os homens chegam mais hostis, falam pouco, mas às vezes choram. E o que todos pedem a Wladimir é um amado (ou amada) bom, cheio de dengues, que traga presentinhos e que agrade na cama ou na mesa...

Ora, para quem quer tudo isso, realmente há um jeito, velho como o mundo: fazer uma amarração, um feitiço certeiro...

Sim, amarração mesmo, você leu direito. Amarração é coisa de efeito infalível, que dura sete anos. E você não precisa ser uma bruxinha ou ler mil tratados de magia para fazer uma amarração cigana, conforme a poderosa magia dos zíngaros; ou então, para fazer uma boa amarração de Santo Antônio, que sempre foi protetor das mulheres casadouras, santo de respeito e tradição no amor. E fácil amarrar alguém nas rezas e nas mirongas de Santo Antônio, principalmente em seu mês, junho, o dos namorados e das fogueiras, que relembram tempos de outrora. Mas, para viúva, Santo Antônio não serve, não... seu protetor é São Pedro, o amigo de toda viúva, seja ela alegre ou não...

Os espíritos ciganos, meus irmãos (pois há anos trabalho com Wladimir, cigano de ouro), contam que, para amarrar alguém, temos de usar fitas coloridas, velas, corações de cera ou então de galo, galinha ou de boi (sem ir ao gelo, é claro) e mais rezas e muita, muita mironga... que você aprenderá neste livro...

Não tenha medo. Aprenda a fazer sua amarração e tenha seu amado louco a seus pés... Pombagira, Exu, Sátis, Hátor, Madona das Sete Luas, Sara, Madalena e Wladimir vão revelar-lhe esse grande mistério...

CAPÍTULO 1

MAGIA DOS SANTOS CASAMENTEIROS

*S*anto Antônio pequenino,

Amansador de burro brabo;

Quem mexer com Santo Antônio,

Está mexendo com o diabo.

Dizem que as amarrações de Santo Antônio ajudam a prender seu amor por sete anos. Êta santo bom!

Essa crença em Santo Antônio como casamenteiro vem de Portugal, nosso colonizador. Na igreja do santo, no centro do Rio de Janeiro, há um quadro que revela a origem dessa crença. O quadro, que é feito em óleo sobre madeira e deve ter mais de dois séculos, está no teto da capela-mor; quem quiser vê-lo, pode ir lá. Representa a loja de um banqueiro de tempo antigo, daqueles que ainda pesavam as moedas para saber seu valor. De um lado da balança, está apenas um papel; do outro, centenas de moedas de prata e de ouro. Em frente ao balcão está uma moça observando a cena. Ao lado, explicando esse quadro, está uma pintura menor, onde se vê a jovem rezando para Santo Antônio e pedindo dinheiro para comprar seu enxoval; e vê-se a imagem criar vida e dar-lhe um papel, dizendo que o apresente ao banqueiro... ela assim o fez e seu enxoval tornou-se realidade.

São Pedro e São João também são invocados para fazer amarrações. Elas são bem fáceis, embora sejam pouco difundidas.

Um modo de encontrar seu amor

Pelo Brasil afora, o céu de junho tem milhares de estrelas novas. São os balões que, apesar das proibições, surgem sobre os telhados e tomam a estrada do sonho. As crianças correm para catar os restos dessas estrelas de junho que descem sem rumo sobre as casas.

Em volta das fogueiras, as moças olham para o céu e pedem ao santo padroeiro que traga rápido um marido bom, com olhos brilhantes como essas estrelas do céu. São essas moças sonhadoras que, de geração a geração, guardam o segredo de um feitiço que nos foi trazido de Portugal e que pode ser feito mesmo neste mês em que você me lê; mesmo em fevereiro, mês dos Exus, você pode fazê-lo. E tiro certo: bala na agulha, como dizia uma "Mona" que conheci...

Esta amarração deve ser feita na Lua Cheia (a grande maga do zodíaco, que é a Lua, em sua fase propiciatória para o amor).

O material é o seguinte:

Um saquinho de couro ou de fazenda preta

Uma imagem pequena de Santo Antônio, de madeira ou de chumbo

Um pedaço de papel branco

Uma rosa vermelha

Linha vermelha

No papel, escreva na horizontal o nome do seu amado; por cima, na vertical, escreva sete vezes o seu

AMULETO PARA ENCONTRAR O SEU AMOR

próprio nome. Ponha dentro do saquinho a imagem do santo, o papel escrito e a rosa; feche-o com a linha vermelha. Guarde o saquinho debaixo do travesseiro. Se você sonhar com seu amado, é certo que seu desejo se tornará realidade; mas, mesmo que não sonhe, pode ser que o consiga, pois em magia nada é impossível...

Uma mironga para manejar seu amor

Em milhares de casas por todo o país, rezam- se as trezenas de Santo Antônio, do dia primeiro ao dia treze de junho: um altar é improvisado nas salas e as moças namoram e flertam em volta. Batidas, batata- doce cozida, quentão e fogos são obrigatórios. Nas ruas, durante os dias de festa, a moçada vestida de caipira goza o sabor de "coisa antiga". E sente-se muito bem com isso, pois essa festa está gravada no inconsciente coletivo do povo brasileiro.

Nos subúrbios das grandes metrópoles e nas cidades do interior, elevam-se as fogueiras sobre as árvores; a terra parece envolta em uma estranha luz vermelha, cheia de sugestões e de mistérios.

A fogueira tradicional vem dos antigos cultos do fogo, que foi adorado primeiramente nas noites da Pré-história, em volta da fogueira onde a tribo se reunia. Naquele tempo, os homens eram nômades e livres, mas temiam as almas, o desconhecido. Depois, os adoradores do fogo fizeram seus templos, como o santuário de Pestofá, Stonehenge, os templos em Zimbabuwe. Hoje, o culto com velas é uma reminiscência desse cultos antiquíssimos, assim como as fogueiras juninas. E, com os restos da fogueira de Santo Antônio, no dia seguinte, as moças fazem a famosa amarração de amor. É casamento na certa...

O material é o seguinte:

Um saquinho de pano azul-marinho

Um pedaço de papel branco

Linha vermelha

Um pouquinho da cinza da fogueira de Santo Antônio

Escreva no papel o seu próprio nome e o do seu amado. Coloque esse papel dentro do saquinho, junto com as cinzas; feche com a linha vermelha. Guarde o saquinho com cuidado, até o dia em que seu amado se declare a você. Depois que isso ocorrer, na próxima festa de Santo Antônio, abra o saquinho e espalhe as cinzas em uma fogueira acesa. Mas guarde o papel com os nomes escritos dentro de um livro, em sua casa.

UM FEITIÇO DE AMOR TRADICIONAL E CERTEIRO

Pomba-gira ganhou uma garrafa de marafo,

Levou na capela para benzer;

Perguntou ao sacristão

Se n a batina do padre tem dendê.

Tem dendê,

Na batina do padre

Tem dendê.

Sim, magia é coisa velha como o mundo. E muitas delas são feitas atrás do altar, nas capelas e nas igrejas... coisa do tempo colonial, mas ainda em vigor hoje em dia.

Se observarmos atentamente, veremos que a pedra de ara, que os bruxos usam na Quimbanda em muitas magias, nada mais é do que um pedaço da pedra de um altar; ela pode ser comprada em lojas de artigos de Umbanda e com ela se faz tuna amarração fácil e boa.

O material é o seguinte:

Uma pedra de ara

Uma vela azul

Um pedaço de papel branco

Escreva no papel o seu nome e o de seu amado, em cruz; não importa qual dos dois ficará na horizontal e qual ficará na vertical, desde que fiquem cruzados. Sobre a pedra de ara, acenda a vela e coloque do lado o papel com os nomes escritos, chamando por Santo Antônio.

SANTO ANTÔNIO NO CATIMBÓ

O Catimbó (Farelli, 2) tem sua origem nos rituais dos índios; por isso, de certa forma, é mais antigo que o próprio Candomblé. E um rito fechado e está em processo de extinção, embora várias das suas entidades, como Zé Pelintra, Maria Redonda, Mestre Carlos e certos índios brabos, tenham penetrado na Umbanda.

Os catimbozeiros costumam trabalhar com bacias com água, velas pretas, cachimbos e imagens de

FEITIÇO DE AMOR TRADICIONAL

santos católicos, entre eles Santo Antônio. São eles que ensinam esta magia de amarração.

O material necessário é:

Uma imagem de Santo Antônio.

As moças que desejam casar colocam a imagem do santo de cabeça para baixo e pedem que ele lhes dê um marido. A imagem só é desvirada quando o santo atende ao pedido.

O mesmo santo é vítima de outra magia muito comum no sertão.

O material é o seguinte:

Uma pequena imagem de Santo Antônio

Uma bacia com água

Ao fazer seu pedido, as moças colocam a imagem dentro da bacia com água; o santo só sairá daí quando trouxer o amado pedido.

FEITIÇO DE AMARRAÇÃO COM ÍMÃ

Esta amarração deve ser feita na Lua cheia, como mandam os mestres ciganos da Umbanda.

O material é o seguinte:

Uma imagem de Santo Antônio em metal

Um ímã

Um prato de louça branco

Uma rosa branca

Um copo com água

Mel

Fitas brancas

Dois bruxos (bonecos) de pano

Uma vela branca

Papel branco

Escreva em um pedaço de papel o nome da mulher e, em outro, o nome do homem que se deseja unir; amarre cada papel em um dos bonecos. Segure os bonecos juntos, um de frente para o outro, com o ímã e a imagem do santo entre eles; amarre-os assim com a fita branca. Coloque os bonecos no prato e despeje o mel por cima.

Acenda a vela para Santo Antônio, colocando ao lado a rosa em um copo com água e fazendo seu pedido.

COMO VER SEU FUTURO MARIDO

Uma prática de amor tradicional é a visão do futuro marido em uma bacia com água: ela é realizada há séculos pelas moças. Sua origem está nos antigos cultos da água e das mães d'água da Pré-história, como a Vénus de Neanderthal, a Vénus de Postafá, Ísis, Maia, Carmona, Afrodite, Vénus, Iemanjá e Nossa Senhora. Os copos com água, as bacias e as taças dos magos nada mais são que a continuação desse culto, que também pode ser usado na vidência do seu amado, como falam os tatas e os babalaôs, as pessoas simples do sertão, os catimbozeiros e os pajés do mato.

O material necessário é:

Uma bacia nova de louça

Agua bem limpa (que pode ser de chuva)

A magia deve ser realizada em noite de São João.

Encha a bacia com a água. À meia-noite, olhe para ela; se você se concentrar bem, verá o rosto de seu futuro marido nas águas, mesmo que ainda não o conheça.

MAGIA DE AMARRAÇÃO DE SÃO PEDRO

João Batão,

João Batelão,

Tu és, tu és meu pai São Pedro

João Batão,

João Batelão,

Meu pai São Pedro em cima da água.

A chave, segundo a psicologia, é um símbolo sexual, um símbolo fálico. Por isso, ela aparece com freqüência nas magias de amarração. Como São Pedro é o chaveiro do céu, suas amarrações não poderiam deixar de ter esse símbolo. Quando o casamento estiver se atrasando porque os noivos não conseguem uma casa para morar, pode ser feita uma magia para que São Pedro abra sua nova morada.

O material é o seguinte:

Uma chave de cera

Um prato de louça virgem

Uma vela

Mel

Coloque a chave sobre o prato, com o mel. Acenda ao lado a vela, pedindo a São Pedro que dê a casa para o casal.

Quando a casa estiver adquirida, o primeiro objeto a entrar nela deverá ser um quadro com a imagem de São Pedro.

São Pedro na Umbanda

São Pedro é santo casamenteiro das viúvas. São elas que devem fazer esta magia, se quiserem encontrar um novo marido.

O material necessário é o seguinte:

Uma chave de cera

Mel

Um prato de louça branco virgem

Uma rósa branca

Um pedaço de papel branco

Escreva no papel seu nome e o nome da pessoa com quem deseja se casar. Coloque-o no prato, junto com a chave e a rosa, e regue com mel. Entregue a oferenda em uma pedreira para Xangô Velho, que na lei de Umbanda não é outro senão o Xangô Zambará, o velho Caô, São Pedro.

CAPÍTULO 2

QUITUTES PARA PRENDER SEU AMADO

Afrodite, a Vênus dos romanos, nasceu das ondas e era a deusa do amor. Com todos os seus atributos, dengues e charmes foi, segundo dizem, quem inventou tudo o que sabemos a respeito do amor, a começar pela maçã, o primeiro dos afrodisíacos, que passou para a História como a causa do pecado original.

Hoje a maçã está em desuso; virou até sedativo, dizem os médicos. Entretanto, mais que depressa, a mulher, costela ardente do homem, criou outros métodos para agarrar seu amado, tentando-o com comidas e bebidas. Esses quitutes estimulam o vigor sexual, aumentando o desejo. E quem não quer ver seu amado doido, cheio de pedidos e súplicas, querendo amor?

A Antigüidade está cheia de receitas eficientes. O Candomblé e a Umbanda também estão repletos dessas receitas, feitas com pimenta e dendê, com castanhas e sucos estranhos, do mar de Iemanjá ou das matas de Oxóssi que, preparados com arte e carinho, farão de seu amado um Adão matreiro, um gatão sempre à sua volta, bom como quê...

Seguindo a mão mágica dos rituais dos deuses antigos, vamos agora revelar a comida certa para você agradar seu amado numa noite dessas. E, surpresa, você verá como o gatinho muda, arranha, arde qual pimenta-malagueta.

Receitas antigas

Catão, um grego dos mais entendidos em afrodisíacos, dizia que, para um homem ficar mais

32 – Maria Helena Farelli

ardente, devia-se preparar para seu jantar bulbos de gladíolos com óleo, sal e vinagre. Isso já nem se usa mais em culinária, mas vale a menção, a título de curiosidade.

A *canela* teve seus méritos proclamados no "Cântico dos Cânticos". A *pimenta* teve seus devotos na África e na China; o *garum* (salmoura) foi exaltado por Plínio e o *açafrão* foi decantado - um porrete, diziam os gregos, muito dados a deitar e rolar...

Ovídio, em Roma, mandava as mulheres usarem muita *salsa* na comida de seus queridos. Petrônio recomendava o emprego de *cebolas,* pois elas fortificam qualquer homem; será por isso que os portugueses são tão quentes?

Na Idade Média começou o preparo dos "filtros de amor". E *comidas à base de peixe e de frutos do mar* eram dadas aos amantes pelas cortesãs. Mas a coisa andava muito ligada aos pactos com os demônios, e o perigo da fogueira era uma constante.

Mais tarde, Nostradamus usava *pimenta* para que as mulheres o amassem por longas horas. Já Casanova, o grande conquistador, preferia dar às suas queridas *vinho com mel* e perfumar-se muito.

COMIDAS DO SEU SANTO

Por intermédio da Astrologia, cada signo zodiacal tem seus pratos favoritos; eles combinam com suas personalidades e com seus estômagos. Famosos astrólogos dizem que, preparando um prato que vibre bem com o signo do seu amado, ele se tornará mais sensual.

Essa mesma concepção existe nos terreiros: por exemplo, quando os pais-de-santo dizem que um homem tem como protetor Xangô, ele será amansado com comidas feitas com *quiabos, camarão e dendê. Já os* filhos-de-Ogum são tratados com *feijão fradinho feijão preto ou bifes.* No Candomblé, a base dos quitutes de amor é a *pimenta*, juntamente com os *frutos diversos*. Na magia cigana, a base é o *grão-de-bico, feito com muita cebola, pimentão e azeite:* torna o amado muito apto e inventivo...

AMOR E SEDUÇÃO

O mar da Bahia brilha em prata e espuma. Os peixes parecem ter escamas de ouro nas cestas dos pescadores. As redes dispersas, os saveiros, o canto da gente do mar criam para quem chega uma festa de luz e encanto. Por esse mar vem a imagem do Senhor do Bonfim, padroeiro dos pescadores, sincretizado com Oxalá, o maior dos orixás nagôs. Por esse mar chegam as lendas de Iemanjá, envoltas nos ventos de Iansã guerreira; e chegam os fuxicos de Oxum, a menina, a dengosa iabá das cachoeiras. As chuvas trazem os segredos de Nanã, iabá-mãe, senhora do húmus.

Nas praças, nas igrejas bordadas a ouro, nos bares, nos afoxés, nas ladeiras de pedras antigas, tudo é vivo, colorido e amigo. Nessa terra histórica, primeira capital do Brasil, onde índios, negros e colonos fundiram seu sangue e sua lei, está a morada dos deuses da Natureza, transportados da África em tumbeiros cheios de dor e banzo. Há quem diga até que o culto foi todo modificado e até criado no Brasil, tanto ele se adaptou aos nossos meios e lendas.

Tudo quanto é mágico e místico existe na Bahia... e a gente até sente a graça de Oxum na Igreja da Conceição da Praia!

Na cachoeira da mamãe Oxum

Tudo é tão lindo que dá gosto ver.

As águas rolam, as águas giram,

Mas que beleza, mamãe, que maravilha.

Oxum é a dona do ouro, das águas doces, das cachoeiras e do amor. Na África, ela mora no rio Oxum; por isso, reina sobre os rios e regatos, onde canta como uma iara encantada. Na Bahia, é uma menina, adolescente, dengosa e meiga; é Nossa Senhora da Conceição. Seu ilá (brado) suave demonstra seu jeitinho amoroso; no seu canto, que é ijexá, revela suas tendências harmoniosas.

É a Oxum que você deve fazer seus pedidos quando desejar um amor. Dona do amor e dos dengues, ela ajudará na conquista de um homem. Mas não se esqueça de agradá-la, dando-lhe suas comidas e bebidas preferidas.

A comida de Oxum é o *Omolocum*.

Os ingredientes são os seguintes:

Feijão fradinho (a quantidade que desejar)

Uma pequena porção de camarões secos (somente para temperar)

Uma cebola

Azeite doce (de oliva)

Água

Lave o feijão e deixe-o de molho por algumas horas; depois, cozinhe-o em água pura.

Pique a cebola e moa os camarões. A seguir, refogue os dois ingredientes no azeite. Junte um pouco do feijão já cozido, amasse os grãos e misture ao restante.

Dê a Oxum um omolocum com mel e peça seu amado; certamente ela atenderá...

Na oferenda não deve faltar a bebida. A preferida de Oxum é o *aluá*, feito com frutas fermentadas; mas, não tendo aluá, pode servir uma champanha doce, que Oxum aceita e, com suas águas mansas, acolherá seu pedido de amor.

UNIÃO E HARMONIA

Oxalá, meu Pai,

Tem pena de mim, tem dó.

A volta do mundo é grande,

Seu poder ainda é maior.

Oxalá Babá é o rei dos axés de Salvador. Também chamado Orixalá, Orinsanlá ou Obatalá, simboliza a massa do ar; é um orixá funfun (branco) e seu emblema é o alá, grande pano branco. Nas suas duas formas, Oxalufã e Oxaguiã, é o mais respeitado dos orixás. Dança curvado como Oxalá Velho, dobrado sobre seu paxorô; e como guerreiro, fazendo reluzir sua espada, quando vem como Oxalá Novo. Oxalá Velho é o Senhor do Bonfim; Oxalá Novo é sincretizado com o Menino Jesus de Praga.

No dia de sua festa, a imagem do Bom Jesus vem do mar. Cantam os mestres dos saveiros, rezam as mães-de-santo vestidas de branco, cor votiva de Oxalá. Dançam os moleques vendedores de doces e fogos. Pretos e brancos se mesclam no ardor da festa. E nessa babel de crenças e de mirongas eu aprendi um trabalho facílimo para união de casais. Aprenda também e faça-o com respeito, como eu faço para meus clientes.

Os ingredientes são os seguintes:

Uma xícara rasa de milho para canjica

Agua

Mel

Uma tigela de louça branca

Um pedaço de papel branco

Uma vela branca

Cozinhe a canjica em água pura, sem sal nem açúcar. Deixe esfriar. Coloque metade da canjica na tigela. Escreva no papel os nomes dos dois esposos e ponha-o por cima; cubra com o restante da canjica. A seguir, regue com mel. Acenda a vela para Oxalá, pedindo paz, união e amor, que por certo haverá...

As bebidas do amor

Batem os tambores nos barracões de santo: é a festa do feitiço na Bahia. Todos se preparam para saudar seus orixás. Os gritos dos orixás, seus lamentos, seus apelos ecoam por Amaralina, Itapoã e Pituba. É nos terreiros em festa que é servida uma famosa bebida afrodisíaca: o *xixi de anjo*.

Primeiramente, essa batida era feita somente na Bahia; depois foi trazida para as praias do sul do país e aceita com alegria pela moçada.

Seus ingredientes são os seguintes:

Aguardente de boa qualidade

Suco de limão

Anisete (licor de anis)

Gim

Licor de menta

Açúcar

Água

Depois de tudo misturado, sacode-se bem e deixa-se gelar.

Servido ao seu amado ao som de uma boa música, em um ambiente acolhedor, fará com que ele lhe ame muito, em belas noites de amor...

Já nos terreiros de Quimbanda é outra a bebida afrodisíaca: *batida de amendoim com suco de caju e leite condensado* ou, para quem não aceita o uso de álcool, *suco de tangerina puro com um pouquinho de licor de menta.* É receita de Bombogira, mulher de sete Exus... tem que dar certo!

Os ingredientes da batida são os seguintes:

uma garrafa (970 ml) de cachaça

Uma garrafa (500 ml) suco de caju

Uma lata de leite condensado

Meia xícara de amendoim torrado e moído

Misture bem todos os ingredientes e sirva gelada.

TEMPEROS QUE ARDEM

Se o marido anda meio frio, as baianas costumam esquentá-lo com molho de dendê, também chamado de *molho africano*. A cor do dendê, de ouro puro, é bela e provocante, tem feitiço. O dendê é o chefe das comidas-de-santo (aquelas que os orixás comem nos dias de festa e obrigação), tanto que as comidas baianas são conhecidas como "comidas-de-azeite". Vatapá, caruru, efó e acarajé levam azeite de dendê; todas têm o dom de levantar e esquentar homens cansados. Assim, esse molho afrodisíaco serve para acompanhar peixe, bacalhau, caranguejo; acima de tudo, é molho cheio de promessas e de desejos escondidos. Faça-o uma noite dessa e veja, alegre, seus efeitos.

Os ingredientes são os seguintes:

4 pimentas malaguetas

Meia colher (de chá) de sal

Uma cebola

Um quarto de xícara de azeite de dendê

1 colher (chá) de coentro

Meia xícara de vinagre

Com um pilão ou um processador, moa as pimentas com o sal e a cebola, até formar uma pasta. Misture a seguir, sem socar, o coentro, o vinagre e o dendê.

PLANTAS AFRODISÍACAS

Afrodisíaco é o medicamento, manjar ou substância que excita o apetite sexual. O nome vem de Afrodite, a deusa grega da beleza e do amor, nascida das espumas do mar, que em Roma foi Vênus. Algumas plantas são muito conhecidas como afrodisíacas. Veja a seguir como empregá-las.

Abacate – a polpa do fruto, comida com açúcar e limão.

Agrião – ingerido em saladas ou na forma de infusão ou tintura.

Algaroba – xarope com muito açúcar.

Baunilha da Bahia – o fruto em infusão.

Carajuru – a folha seca em forma de chá.

Catuaba preta – a raiz e a casca em infusão.

Cenoura – comida crua.

Gengibre – rizoma fermentado em água com açúcar.

Muirapuama – em pó, usada em infusão.

Salva – a folha em infusão.

Urucu – a semente em pó.

O BOMBOM DO AMOR

Se você não quer ter o trabalho de fazer um vatapá ou outra comida baiana, experimente esta receita mais simples, que vem da Quimbanda.

O material é simplesmente um bombom comum.

Retire o papel que envolve o bombom; a seguir, passe o doce pela sua aura (seu invólucro espiritual invisível), sem esfregar nem encostar no corpo. Enquanto passa o bombom em toda a volta do corpo, vá fazendo seus pedidos; depois, embrulhe o doce novamente e dê para seu amado comer.

Mas tome cuidado: não coma nem um pedacinho desse bombom, senão o feitiço poderá virar contra o feiticeiro...

CAPÍTULO 3

RECEITAS DE AMOR DE POMBA-GIRA

Disseram que me matavam
Na porta de um cabaré;
Ela é a Pomba-gira,
Matem ela se puder.

No meio de um círculo de fogo e rosas vermelhas, com seu riso debochado e aberto, sua saia de rendas e babados, a mulher dos sete maridos dança sua erótica melodia de requebros e oferecimentos. A assistência toda concentra-se nessa dança malemolente e a vê fumando seus cigarros. Todos sorriem para ela, envoltos em sua magia vibrante. Ela é a Dona da Rosa, a milenar deusa da volúpia e do sexo, a mulher insatisfeita, querendo sempre mais agrados. No Egito foi Bastis; na Grécia foi Éris, deusa da discórdia e da luxúria. Em Creta, teve templos e orgias, como acompanhante da Deusa das Serpentes. Foi companheira das vestais romanas, das lúbricas deusas flageladas dos rituais de Pompeia e das bacantes de Herculano. Seu culto lembra muito o rito da prostituição sagrada, das deusas meretrizes, de Madalena e Milita; lembra as antigas seitas que festejavam o casamento do céu com a terra, como as mitologias Nórdica e Céltica.

Ela é a Dona da Encruzilhada, a alegre Pomba-gira, a rainha das Giras de Exu. As mais conhecidas Pomba-giras são: Maria Molambo, Cigana, Maria Padilha, Da Praia, Da Calunga e Rainha.

Padilha, soberana da estradar.

Rainha da encruzilhada,

Ela é mulher de Lúcifer.

Suprema é a mulher de negro, alegria do terreiro,

Seu feitiço tem axé.

Mas ela é, ela é, ela é a Rainha da Encruza,

É mulher de Lúcifer, (bis)

Maria Padilha existiu de verdade. Dom Pedro I, o Cruel, rei de Aragão no século XIV, teve uma amante chamada Maria de Padilla, mulher travessa e linda, que enfeitiçou o rei a ponto de fazê-lo matar a esposa. Depois de sua morte, Maria de Padilla tornou-se personagem do cancioneiro espanhol; sua fama ultrapassou a fronteira do reino e Maria passou a ser invocada pelas bruxas portuguesas nos feitiços de amor, como comprovam os depoimentos registrados em diversos relatos de processos da Inquisição guardados na Torre do Tombo. Outro processo da Inquisição, realizado em Pernambuco, mostra que, em 1715, Maria Padilha já era invocada pelas bruxas brasileiras. Daí para tornar-se Bombogira de Umbanda, foi somente uma questão de tempo.

Do meio-dia à meia-noite,

Moro na encruzilhada;

E depois da meia-noite,

Tenho outra morada.

Pomba-gira trabalha sempre com marafo (cachaça), rosas, velas e pemba preta; os presentes de que ela mais gosta são flores, champanha, enfeites e contas coloridas. Assim, seus trabalhos de amarração são sempre feitos com esses materiais.

UM TRABALHO DE POMBA-GIRA

Diz a Pomba-gira que este é um trabalho certeiro para amarrar um homem, sem que ele possa fugir.

O material é o seguinte:

Um coração de galinha (que não foi ao gelo)

Linha vermelha

Mel

Uma muda de comigo-ninguém-pode, plantada em um vaso

Um pedaço de papel de seda vermelho

Uma faquinha comum Agulha de costura

Em uma noite de Lua Cheia, escreva no papel o nome da pessoa que deseja amarrar; por cima dele, escreva seu próprio nome. Abra o coração de galinha com a faca e ponha o papel dentro dele; coloque também um pouco de mel. Feche o coração, costurando com a linha vermelha. Coloque mais mel por cima do coração e enterre-o no vaso com o comigo-ninguém-pode.

Regue sempre esse vaso, para que a planta fique sempre viçosa. Quanto mais ela crescer e ficar formosa, mais o homem ficará apaixonado.

Faça essa mironga com calma e amor, mas lembre-se: só faça esse trabalho se estiver bem convicta de que é o homem certo para você e que a fará feliz, pois é uma amarração muito eficaz.

OS PODEROSOS FILTROS DO AMOR

Em magia existe um ritual fechado ao público, que é o da preparação dos encantamentos de amor. Este segredo passa de geração a geração, por meio de ensinamentos orais; envolve mistérios de antigos cultos da África negra, da Pérsia, de missas estranhas.

Jamais descrito, esse cerimonial de feitura dos filtros de amor será agora revelado. Entremos sem medo: Vênus e Oxum, as milenares deusas do amor, nos esperam, enquanto, exaltando o poder do fogo, Melasine, a bruxa mais famosa, baixa ao som de cantigas apaixonantes.

Mestres cabalísticos, Pomba-giras e Exus trabalham com pós, unhas de gato, cabelo, mirra, aloés e flores. Os cabelos têm um sentido místico desde a Antigüidade: estão associados à força vital. Em Zâmbia, os feiticeiros, para tornarem-se poderosos, conquistam a alma de um animal, deixando de cortar os cabelos desde então; na feitura do orixá, a iaô (inicianda) raspa os cabelos. Assim, é natural que os filtros de amor levem cabelos.

O material para o filtro de amor é o seguinte:

Alguns fios de cabelo da pessoa que se deseja amarrar

Um pedacinho de uma roupa da mesma pessoa

Uma vela vermelha

Perfume cigano para o amor (veja a receita no Capítulo 5)

Os cabelos são colocados dentro do pedacinho de tecido; sobre eles são postos alguns pingos da vela e um pouco do perfume. Tudo é então amarrado em uma trouxinha, que deve ser guardada pela pessoa que deseja amarrar a outra.

SIMPATIA PAPA CASAMENTO

O sino da igrejinha faz belém, bem bão

Deu meia-noite, o galo já cantou

Seu Tranca-Ruas, que é o dono da gira

Oi, corre gira que Ogum mandou.

Esta simpatia combina a proteção dos Exus donos da magia com a de Santo Antônio, cujas mirongas de amor, com séculos de história atrás de si, nos vêm dos tempos de Portugal, com suas rezas e mouras tortas; mas ainda hoje estão em moda, em plena era que é atômica, mas permanece tão supersticiosa e crente como a dos nossos ancestrais. Eu faço esta mironga assün, e sempre deu certo para os meus clientes.

O material é o seguinte:

Uma oração de Santo Antônio de Lisboa (veja no Anexo)

Um par de alianças em tamanhos diferentes

Um coração de galinha cru (que não tenha ido ao gelo)

48 – Maria Helena Farelli

Um metro de fita branca

Mel

Perfume (almíscar, verbena ou rosa)

Uma rosa branca

Um copo branco grande, virgem

Papel branco

Três velas brancas comuns

Comece a preparar a simpatia um pouco antes do meio-dia, para que o material esteja arrumado a essa hora em ponto.

Corte dois pedaços de papel. Em um deles, escreva o nome da pessoa que deseja atrair; amarre-o em uma das pontas da fita, junto com a aliança maior. Escreva no outro pedaço de papel o seu próprio nome e amarre na outra ponta da fita, junto com a aliança menor. Com o meio da fita, dê três voltas em torno do coração de galinha, chamando o nome da pessoa amada. Em seguida, coloque o coração assim amarrado dentro do copo, deixando que as pontas da fita caiam para fora das suas bordas. Coloque dentro do copo o mel, algumas gotas do perfume e a rosa branca.

Assim que terminar de arrumar tudo, quando estiver dando o meio-dia, recite a oração de Santo Antônio. Quando forem dezoito horas, recite novamente a oração e junte as pontas da fita dentro do copo. Antes da meia-noite do mesmo dia, leve esta obrigação para a porta de uma igreja e entregue-a lá, recitando a oração pela terceira vez. Chegando em casa, acenda

SIMPATIA PARA CASAMENTO

as velas: uma para Santo Antônio, outra para o seu anjo da guarda e outra para o anjo da guarda do seu amado. E boa sorte...

ERVAS PARA OS FILTROS DE AMOR

Apanha folha por folha, Seu Tata mirô,

Apanha maracanã, Seu Tata Mirô.

Os antigos livros de orações e de bruxedos, criados na Idade Média e escondidos a sete chaves, revelam parte desses filtros de amor. A erva principal desses breviários é o *macaçá,* aliado às *rosas.* Mas existe uma relação de plantas consideradas mágicas, das quais algumas servem para a preparação de filtros ou poções amorosas. São elas:

Mandrágora

Manacá

Aloés

Manjericão

Cravo

Canela

Patchuli

Sálvia

Salsa

Noz moscada

Sassafrás

Alecrim

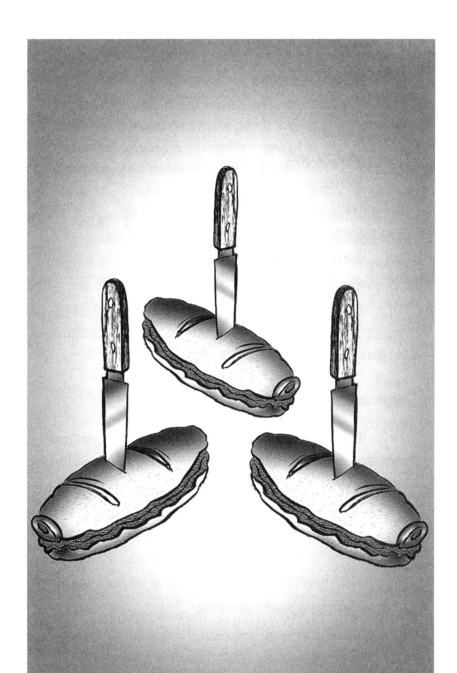

CONJURO DE MARIA PADILHA

Rosa vermelha

Louro

Jasmim

Malmequer

Verbena

Limão

Laranja

Sempre-viva

Papoula

Outros ingredientes nos vêm da tradição africana, como o *obi* e o *orobô;* e outros vêm da cozinha das bruxas, como o *mele* o *açúcar mascavo.*

CONJURO DE MARIA PADILHA

Esta fórmula de conjuro foi registrada em um processo da Inquisição datado de 1640, contra uma bruxa lisboeta chamada Luísa Maria.

Embora não haja indicação da fórmula completa do feitiço, o texto sugere que o material utilizado era o seguinte:

Uma porção de vinagre

Uma porção de pimenta

Uma porção de enxofre

Três pães

Três facas

Três bifes

É possível que os pães e os bifes fossem arrumados como uma oferenda, com uma faca junto ou cravada em cada par de produtos, sendo tudo aspergido com vinagre, pimenta e enxofre. Ao fazer isso, seria recitado o seguinte esconjuro:

> *Eu te conjuro, vinagre, pimenta e enxofre, em nome de fulano (o amado), com três da padaria, três da cutelaria, três do açougue, todos seis, todos nove, se juntarão no coração de fulano, e Dona Maria de Padilha com toda a sua quadrilha, me trazei fulano pelos ares e pelos ventos; Maria, a perdida, que por amor de um homem foste ao inferno, assim me trarás fulano e ele há de vir.*

OUTRO CONJURO DE MARIA PADILHA

Outra oração, registrada em processo da Inquisição de 1673, diz assim:

> *Maria Padilha, pedi ao vosso amante, pelos tormentos que padeceu por vós, me traga este homem, te peço. Com Maria Padillia e sua quadrilha, e Marta e toda a sua canalha.*

MAGIA AMOROSA DE POMBA-GIRA ORIENTAL

Conta a lenda que na velha Bagdá, com sua lua prateada, entre torres de ouro, caravanas de camelos e beduínos, mil mulheres morenas, perfumadas com incenso, envolveram o homem que fazia a Kabala; mas apenas uma o fez chorar: a doce e misteriosa Rainha de Sabá.

Passaram-se os séculos; mudou a face dos continentes, transformou-se a face da Terra; mas, pelas mãos mágicas dos ogãs, eles novamente descem do plano em que vivem e encontram-se pelo amor. Só que hoje ele se chama Tranca-Ruas e traz o segredo das chaves de Vangalô; ela se chama Pomba-gira Sabá e traz na mão uma rosa.

Em um terreiro que visitei, as sete cores do arco-íris envolviam as duas chaves mágicas. Para chegar a essas forças, positiva e negativa, era preciso primeiro subir a escada de Jacó (o preto-velho guia do terreiro), formada por quatorze degraus; mas foi na festa de Tranca-Ruas que os mistérios de amor se realizaram. Milhares de pessoas passaram pelas mãos espirituais de Tranca-Ruas e de Naiassax, de Exu Mangueira e da Cigana, de Exu Brasa e da Rainha de Sabá. São esses os empregados dos orixás que trabalham na Umbanda, nos terreiros e abaçás do Rio de Janeiro e de São Paulo. Têm seu lugar garantido porque a Umbanda, culto sincrético e popular originário do culto de Angola mesclado com o catolicismo da colônia e com as lendas simples dos indígenas, conta hoje com milhões de adeptos em vasta região do país.

Tranca-Ruas e Pomba-gira Sabá aparecem em terreiros tradicionais, chefiando os clãs da magia; vejamos como é belo e poético esse trabalho. Tranca-Ruas, ao chegar, canta sua curimba, que fala de amor:

Foi na velha Bagdá:

Encontrou com mil mulheres,

MAGIA AMOROSA DE POMBA-GIRA ORIENTAL

Uma só o fez chorar.

Quem era ela?

A Rainha de Sabá.

As champanhas estouram. As mulheres do povo de Exu chegam e reverenciam Tranca-Ruas. Naiassax, da linha do Oriente, dança lembrando uma odalisca. A dona da Praia faz com os braços a graça das ondas do mar. Zé Pelintra vem bem malandro, dançando e gingando como um capoeira das serestas e dos amores das noites da antiga boêmia. Sete Encruzas dança repinicando, com a picardia do conhecedor das estradas, dos caminhos do mato, do corredor das madrugadas. Molambo chega-se aos assistentes, acarinha, promete e faz suas mirongas.

Ciganinha traz flores com que realiza o mistério da amarração com os laços e a rosa. A esse respeito, ela diz: "Um pedido feito em cima das rosas tem toda a força da magia; usem e serão atendidos."

A magia de amarração das rosas leva o seguinte material:

Sete rosas

Sete lenços

Sete perfumes

Sete pedaços de papel

Sete velas coloridas

Mel

A magia deve ser feita com a Lua cheia bem redonda no céu. Primeiramente, escreva os nomes dos dois amantes em cada um dos sete papéis. Amarre cada papel com um perfume e uma rosa dentro de um lenço. Entregue tudo em uma campina, colocando junto o mel e as velas acesas.

AS ROSAS DE MARIA PADILHA

Uma velha cigana romena revelou-me esta mandinga para Maria Padilha, a Pomba-gira rainha das sete encruzilhadas, a mais sábia e antiga, a mais popular, bela, rica e poderosa das Pombas-giras.

O material é o seguinte:

Sete rosas vermelhas

Uma vela comum

Três cigarros

Em uma segunda-feira de Lua cheia, coloque as rosas em uma encruzilhada; ponha junto delas a vela e os cigarros, todos acesos, fazendo seu pedido para Maria Padilha. Ela por certo vai ajudar você...

CAPÍTULO 4

MIRONGAS DOS ORIXÁS APAIXONADOS

Foi no começo do mundo. Na crista da onda do primeiro oceano, vinha Iemanjá, toda vestida de espuma, com cabelos de algas e caranguejos. Das florestas vinha Oxóssi, o grande caçador, cavalgando suas verdes montarias, matando o javali e a onça, com seu arco de Lua minguante.

Cobra imensa, macho e fêmea primordial, Oxumarê vinha ao seu lado; nas sete cores do arco-íris trazia a jararaca, a coral, a víbora de todas as cores e a cascavel.

Guerreando, chegou Ogum, malhando o ferro e martelando o aço, com seu espantoso exército de todas as guerras cósmicas. E com ele vinha Oxum, a deusa do dengue e do feitiço, com sua corte de iabás. Sentado em seu trono, estava Xangô, cercado de obás e sobas respeitados. Com ele estava Obá, com escudo e espada, guerreira decidida.

Oxalufã, velho e curvado sobre seu paxorô, onde vibram todas as plantas e todos os bichos de pena e de arrasto, ouvia o ronco da Terra ainda bruta. Foi no começo do mundo... em um tempo sem tempo, quando a Terra explodia em vulcões e gêiseres, na lama de Nanã Burucu.

E, então, um grito se ouviu; uivo desumano e antigo, som de temporal. Grito ancestral e milenar, eterno e pré-histórico... grito de guerra no astral... Espantados correram eguns e homens, no pavor da morte. E Iansã soltou todos os ventos e fez surgir a estrela Vênus. Iluminou-se a Lua cheia, o corisco e o vendaval... Viram-se os caminhos dos tesouros, o fundo das minas, o centro da Terra...

Separaram-se os fogos da Terra, os vivos dos mortos, o Orum do Aiê, ao grito de Iansã.

Foi no começo do mundo, em um tempo sem tempo, só de imaginação... assim contam os Akpalôs de Oió e Ifé, a gente da África.

Para o povo iorubá (nagô), toda a existência se desenvolve simultaneamente em dois níveis: o Aiyê e o Orun. Orun seria o lugar onde moram os orixás e os eguns (ancestrais); no Aiyê moram os seres humanos. Os orixás estão especialmente associados à estrutura da natureza, do cosmo; os ancestrais, à estrutura da sociedade. Os orixás nunca foram seres humanos; os eguns, sim. As práticas litúrgicas dos eguns e dos orixás são bem diferentes; os terreiros de eguns são os lésè-egum; os de orixás são os lésè-orixá. Os axés de fundação são totalmente diferentes, assim como os fundamentos.

Indo de tribo em tribo, os antigos contadores de histórias levaram mensagens antigas para as novas gerações: as lendas, crendices e mitos que falavam dos deuses que moram no céu (Orum) e que se ligam à Terra (Aiyê) através do corpo e da mente de seus filhos. A tradição oral dos nagô foi assim sendo passada de pai para filho e foi preservada em todas as gerações, desde que as primeiras tribos reuniram-se em torno dos rios Niger, Oxum e Obá. As lendas de seus deuses reúnem poesia selvagem e crenças ancestrais, mitos, mentiras e verdades, coisas da alma do povo, a verdadeira herança de gente despojada de todos os seus direitos, a não ser de rir, de cantar, de crer e de amar.

Como observou Edison Carneiro, hoje em dia, os deuses africanos permanecem vivos no Candomblé e na Umbanda, graças ao ritual de possessão ou incorporação, que aproxima os orixás do mundo dos vivos. Nesse ritual, o orixá estabelece uma relação íntima com seu filho, uma vez que adquire uma característica específica para cada indivíduo em que incorpora, tornando- se um orixá pessoal. Assim, não existe, por exemplo, uma única Iansã, mas a Iansã de cada determinada pessoa. Da mesma forma, o caráter do orixá se transmite para seu filho, que reproduz seu comportamento (Verger).

As magias de amor dos orixás costumam se relacionar com os deuses envolvidos na maior história de paixão dos mitos nagôs: a história profundamente humana do casamento de Xangô com suas três esposas, Iansã, Oxum e Obá, como era costume na África, onde um homem poderia ter quantas mulheres pudesse sustentar, enquanto as mulheres se digladiavam para serem as prediletas.

TRABALHO DE BOMBOG/RA NA VIBRAÇÃO DE IANSÃ

Iansã, menina dos cabelos louros,

Onde é sua morada,

E na mina do ouro.

Iansã, também chamada Oiá, era o orixá do rio

Niger, cujo nome original era Oiá. É o aspecto feminino de Xangô e, como ele, do axé vermelho. Orixá guerreira e ligada ao fogo, tornou-se a deusa dos ventos, da tempestade, do raio e do trovão. Seus pontos lembram esses poderes:

Oi quirilê, quirilê, relampejou,

Oi quirilê, quirilê, relampejou.

Iansã come acarajé, conquém (galinha d'Angola), cabra; bebe champanha e adora enfeites feitos de cobre, como a coroa (adê) que indica que é rainha. Veste-se de vermelho e coral no Candomblé; de branco e amarelo na Umbanda. Suas contas são dessas mesmas cores. Suas armas são a adaga e o eruexim (chicote feito com rabo de cavalo engastado em cobre). Seu dia é a quarta-feira, junto com o marido Xangô. Sua fruta é a manga (rosa ou espada). Sua planta mais conhecida é o peregum, a espada de Santa Bárbara. No Brasil, Iansã é sincretizada com as Santas Bárbara, Catarina, Joana d'Arc, Filomena e Madalena (Iansã de Balé).

Junto ao seu otá (pedra), no peji (altar), ficam as ibás (louças), compostas por uma bacia, sete pratos e uma sopeira de cobre. Sua ferramenta é composta por raios, um eruexim e uma taça. Regados com mel, esses fundamentos são sagrados para seus adeptos.

Guerreira faceira e extrovertida, Iansã caça ao lado do marido e vai com ele à guerra, enquanto a outra esposa desse rei – Oxum – se enfeita e perfuma. Segundo as lendas, Iansã foi a primeira mulher de Xangô, e talvez a sua preferida; sua paixão por Xangô

TRABALHO DE BOMBO-GIRA

é tão profunda, que sempre se manifesta ao seu lado nos terreiros. Fascinada por sua elegância, abandonou por ele o rude Ogum que, por não ter deixado de amá-la, tornou-se inimigo de Xangô, com quem luta sempre que os dois se encontram nos terreiros.

O material para esse trabalho é o seguinte:

Uma rosa vermelha

Uma garrafa de mel

Um metro de fita vermelha

Um metro de fita amarela

Um metro de fita preta

Um perfume de sua preferência

Algumas lascas de unhas da pessoa amada

Dois corações de cera bem pequenos

Um prato de louça branco

Um saquinho de pano vermelho

Una as três fitas por uma das pontas e faça uma trança com elas, dizendo enquanto isso: "Não estou fazendo trança; estou trançando os caminhos de fulano para mim."

Quando estiver chegando quase no final das fitas, escreva na ponta das três o seu próprio nome e o nome do seu amado; a seguir, amarre as pontas juntas, arrematando a trança.

Coloque a trança sobre o prato, dispondo-a no feitio de um círculo. Ponha no meio os dois corações e, por cima deles, as lascas de unhas. Cubra tudo com o mel, com as pétalas da rosa e com o perfume, enquanto chama pelo nome do seu amado.

Deixe esse feitiço durante algum tempo em seu altar ou em um lugar adequado em sua casa. Depois, retire os corações e faça com eles um breve, usando o saquinho de pano; enterre o resto do material na beira do mar.

Trabalho de amor de Iansã

Ô Iansã, solte os cabelos no vento,

Brinca na força do tempo,

Faz o vento lhe pentear.

Traz da noite a mãe do ouro,

A rainha do tesouro, é a bela Oiá.

A grande força de Iansã pode produzir autoritarismo, mau gênio e mudanças de estado de espírito. Iansã dá aos seus filhos temperamento forte, gênio violento, ciúmes, vaidade, sensualidade e vontade firme. Iansã é espalhafatosa e muito sensual, sendo capaz de brigar (e muito) por amor ao seu marido; pode também ter aventuras extraconjugais, mas sempre exige ter a posse de seu amado.

Conta a lenda que, ao saber da morte de Xangô, Iansã procurou morrer. Seria essa escolha que a aproximaria dos mortos, dando-lhe poderes sobre os eguns. Com efeito, Oiá pertence à irmandade dos egungun.

Para fazer o trabalho de amor, o material é o seguinte:

Os cabelos (barbas) de uma espiga de milho

Sete velas vermelhas

Uma taça vermelha

Sete pedaços de um metro de fita vermelha

Sete moedas de cobre

Um pedaço de papel branco

Mel

Faça este trabalho em uma quarta-feira.

Escreva sete vezes o nome da pessoa amada no papel. Enrole esse papel com os cabelos de milho, como se estivesse enrolando nos seus cabelos. A seguir, coloque o rolinho dentro da taça, juntamente com as moedas. Cubra tudo com o mel.

Leve todo o material para um bambuzal ou para a beira de uma praia. Coloque a taça no chão e prenda as pontas das sete fitas em volta dela. Estique as fitas no chão, formando a imagem de um sol com a taça no centro.

Acenda as velas em volta e entregue a Iansã, chamando por vitória e chamando pelo nome de seu amado (ou amada).

Amarração feita com Xangô

Quando falamos neste forte orixá, logo nos lembramos de justiça, de trovões e tempestades, mas ninguém lembra de que é justamente ele que tem forças

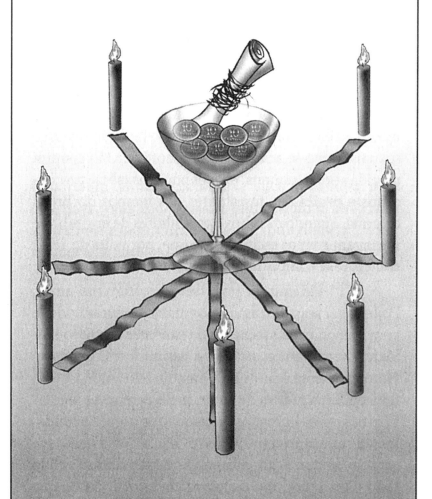

TRABALHO DE AMOR DE IANSÃ

70 – Maria Helena Farelli

para abrandar pessoas de temperamento difícil, ou para resolver casos difíceis de amor.

Pois se Xangô dominou enormes leões, como não dominará uma pessoa só para você? É assim que você deve pensar ao fazer este trabalho. Lembre-se de que, se Xangô teve o amor de Iansã, o de Obá e todo o dengo de Oxum Menina, ele sabe abrandar os corações.

Este trabalho é para o sexo; e nada há de condenável nele. O sexo, além de servir para perpetuar a espécie, é uma fonte de prazer, de enriquecimento e de equilíbrio emocional na vida de todos: ricos, pobres, moços, velhos, brancos, pretos, homossexuais, heterossexuais. Deve-se acabar com a ignorância tão comum na vida sexual humana, extirpando dela tabus, preconceitos e proibições resultantes dos tempos do Brasil colonial, quando os filhos dos senhores de engenho se iniciavam com as escravas, até que, por volta de 1800, começou-se a importar prostitutas da Europa....

Idealmente, o sexo deve ocorrer com amor. Pode haver sexo sem amor; no entanto, é uma atividade bem menor, capaz somente de exercitar a função biológica. Xangô amou cada uma das mulheres que teve. Houve somente uma que ele possuiu sem amor: a velha feiticeira, sua mestra de amor, como contam as lendas. Mas nós, seres humanos, sabemos que o amor é fundamental; que tudo começa com o beijo, e que o sexo deve ser sem limites. Entre dois seres que se amam, é válido todo e qualquer tipo de atividade sexual, desde que seja para o agrado e bem-estar de ambos, sem atentar contra a integridade física e psíquica do parceiro. E nunca, nunca se deve praticar sexo pensando em outra pessoa. O entrelaçamento de dois corpos só deve acontecer diante dos cinco sentidos interpenetráveis: cheiro, gosto, audição, visão e tato.

Hoje em dia, a relação sexual está mais sentida, mais humanizada, mais estimulante e com isso há menos mulheres frígidas em nossa terra. No entanto, como cartomante, tenho encontrado muitas clientes que ainda sofrem de frigidez, devido à educação errônea e autoritária dada pelos pais.

Se você tem um marido difícil em casa, um namoro que não ata nem desata, ou se está sofrendo de solidão, tente este trabalho de magia. Mas o mais importante em tudo isto é que você deve lutar pelo que quer, pois toda pessoa tem direito à atividade sexual; e durante a hora do sexo, todo homem e toda mulher têm necessidade de ouvir a frase: "Eu te amo".

O material para o trabalho é o seguinte:

21 quiabos

Mel

Pó de segurança

Pó de amor

Pó de amarração

Um alguidar

7 velas marrons

Um retrato da pessoa amada

72 – Maria Helena Farelli

Os pós utilizados neste trabalho podem ser encontrados facilmente em lojas de artigos religiosos.

Retire as cabeças dos quiabos e reserve-as; pique o restante dos quiabos em rodelas pequenas. Coloque as rodelas todas dentro do alguidar. Junte o mel, os pós e o retrato; misture tudo com uma colher de pau. A seguir, coloque sobre essa mistura as vinte e uma cabeças de quiabo, uma a uma, chamando o nome de seu amado; misture novamente. Por fim, firme as velas dentro do alguidar e acenda-as. Quando as velas acabarem de queimar, a cera deve cobrir todo o alguidar.

Deixe o alguidar no lugar onde fez o trabalho durante vinte e um dias; depois entregue-o a Xangô em uma pedreira.

Meu pai Xangô é o grande rei lá na cachoeira,

Ele tem sua morada no alto de uma pedreira.

Assim cantam os alabês e ogãs pelos terreiros do país... assim falam relâmpagos e trovões nos céus da Nigéria.

Trabalho de amor para Oxum

Que linda rosa que eu plantei

No meu reinado.

Era uma rosa de mamãe Oxum,

Que linda rosa, aieieu.

Se você deseja conquistar o amor de alguém, faça este trabalho, que dá sempre certo; e não pense que é só mulher que faz amarração não... homem também faz. São muitos os homens que procuram os templos de magia, pedindo para amarrar alguém. E muitas vezes eles choram, com razão...

O material é o seguinte:

Um mamão pequeno

Uma garrafa de mel

Pó de união

Um obi

Um orobô

Um metro de fita amarela

Um prato branco

Uma rosa amarela

Perfume de almíscar

Um pedaço de papel

Com as pétalas da rosa, prepare um banho; pingue nele sete gotas do perfume na hora de usar.

Depois de tomar esse banho, corte o mamão ao meio e retire as sementes. Escreva sete vezes no papel o nome de seu amor, com o seu próprio nome escrito por cima de cada um. Coloque esse papel dentro do mamão, junto com o obi, o orobô, o pó e o mel, pedindo repetidamente a Oxum que abrande o coração dele para você. Cubra com a outra metade do mamão e amarre tudo com a fita, dando um laço. Coloque dentro do prato e entregue na cachoeira, no mar ou em mata de capim.

OXUM TRAZ DE VOLTA UM ANTIGO AMOR

Se você se separou de uma pessoa mas ainda a deseja, faça essa oferenda para Oxum.

O material é o seguinte:

Um punhado de feijão fradinho

Um prato de louça branco virgem

Um vidrinho de mel

Uma vela amarela

Cozinhe o feijão em água pura, sem nenhum tempero. Quando estiver pronto, coloque-o no prato e deixe esfriar.

Pensando em seu amor, regue o feijão com o mel. Entregue a Oxum em um jardim ou em uma cachoeira, acendendo a vela ao lado.

IEMANJÁ PROPICIA O NASCER DE UMA PAIXÃO

Iemanjá é um orixá iorubá do axé branco (fun-fun); é uma grande-mãe. A imagem da grande-mãe surge no Paleolítico e resplandece no Neolítico, no período do matriarcado e do início da agricultura, nos vales dos rios Nilo, Eufrates, Indo e Ganges. A grande- mãe representa a terra; por isso seu culto foi o primeiro da espécie humana e dominou o mundo agrário. Suas imagens mais antigas, feitas de terra, mostram deusas gordíssimas, com os cabelos enrodilhados no alto da cabeça, sem feições, carregando os filhos que pariram.

TRABALHO DE AMOR PARA OXUM

A deusa reinou durante milhares de anos, enquanto existiu o matriarcado. No quarto milênio antes de Cristo, entretanto, os povos semíticos vindos do norte e do sul invadiram os territórios da grande-mãe, destruindo as cidades douradas e suas altas torres, suas pirâmides misteriosas e seus templos fantásticos, com desenhos de touros alados, javalis, bodes fálicos, os companheiros da deusa. As mitologias de orientação masculina, baseadas nas figuras do pai e do herói, tornaram-se dominantes e a deusa-mãe tornou-se uma espécie de avó, como ocorreu com Nanã Buruquê quando os deuses nagôs dominaram os do Daomé.

Entretanto, a grande-mãe permaneceu. A idéia da deusa mãe relaciona-se ao fato de que toda pessoa nasceu de sua mãe; por isso ela existe em todas as culturas. Seu pai pode até ser desconhecido, pode estar morto ou estar em algum lugar distante (como ocorre nos mitos em que o herói parte em busca do pai); mas a mãe está sempre bem presente. No Egito, a deusa-mãe foi Nut (a esfera do céu), Isis e Hator; na Índia, a deusa-coruja; na Grécia, Afrodite; na índia, Purusha; na África negra, foi Nanã Burucu (do Daomé) e Iemanjá, a maravilhosa mãe-d'água.

Se você está só e quer viver um amor, peça-o a Iemanjá, realizando este trabalho.

O material é o seguinte:

Seis palmas-de-santa-rita brancas

Uma fita de cetim azul

Uma vela azul

Um vidro de perfume de sua preferência

Um pedaço de papel branco

Escreva no papel o seu próprio nome e o da pessoa na qual você está interessado (a). Faça um buquê com as palmas, colocando esse papel no meio das flores; amarre tudo com a fita.

Leve todo o material para uma praia ou um jardim florido. Ponha o ramalhete no chão e, ao lado, acenda a vela. Despeje o perfume sobre as flores, ofereça a Iemanjá e faça seu pedido em voz alta.

CAPÍTULO 5

OS PODERES CIGANOS

Canta o violino cigano. Bata com o pé descalço no chão, povo zíngaro, pois é sua a noite e são suas todas as estradas. Entre moedas de ouro e talismãs de prata, ao cair das cartas do tarô e ao tilintar dos pêndulos, mostre-nos sua força.

O som do violino corta a noite. Ele acorda os espíritos ciganos que vêm da Rússia, onde moram em castelos de pedra, ou da Espanha, onde dormem nas praças de touros. Pandeiros, palmas, cânticos de ciúme e amor enchem o anoitecer no acampamento, criando um clima de sonho e magia.

As saias vermelhas, os chalés negros e as pulseiras douradas das mulheres brilham mais que a Lua, a deusa de todos os ciganos. E, enquanto aumentam os cantos e os feiticeiros se aquecem junto da grande fogueira, vamos mais uma vez tocar na poderosa e eterna magia das tribos, para aprender pela mão da mãe da tribo segredos jamais revelados.

AMARRAÇÃO NA LINHA CIGANA

Ganhei uma barraca velha,

foi a cigana quem me deu;

O que é meu é da cigana,

O que é dela não é meu.

O material para este trabalho é o seguinte:

Uma maçã bem vermelha

Um pedaço de papel virgem

Mel

Um pedaço de fita vermelha

Este trabalho deve ser feito em um dia de Lua cheia.

Corte a maçã ao meio e retire as sementes. Escreva no papel o nome da pessoa a quem quer amarrar. Coloque esse papel dentro da maçã e cubra com mel. Junte novamente as duas metades da maçã e amarre com a fita. Coloque junto a uma árvore frondosa.

AMARRAÇÃO COM SETE FITAS

Um cigarro na boca, Uma gargalhada, Ela é Madalena.

O material para este trabalho é o seguinte:

Um pedaço de papel branco virgem

Sete pedaços de fita, cada um de uma cor

Faça este feitiço em uma noite de Lua cheia.

Escreva o nome da pessoa a quem quer prender no papel, amarre o papel com as fitas. Coloque em uma campina, à noite.

SANTA MADALENA TRAZ O FIM DOS DESENTENDIMENTOS

Contam as lendas que Madalena, Salomé e Jacobé, após a morte e ressurreição de Cristo, foram ex-

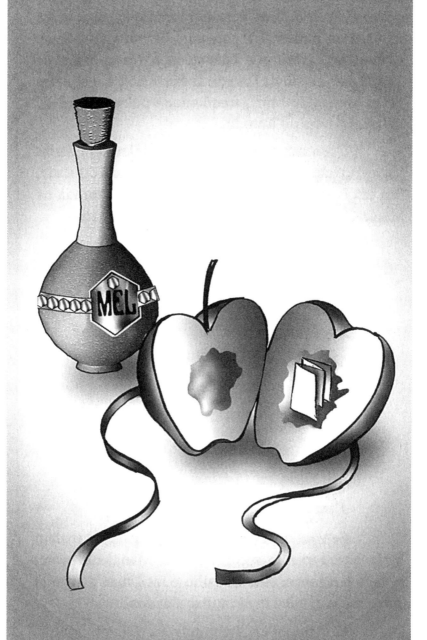

AMARRAÇÃO NA LINHA CIGANA

pulsas de Jerusalém. Foram colocadas em uma barca sem remos, juntamente com Sara (escrava de José de Arimatéia), Trófimo e Lázaro. A barca aportou na Camargue, no sul da França; lá existe hoje a igreja das "Três Marias do Mar", freqüentada pelos gitanos de todas as partes do mundo.

Existem outras igrejas de Madalena em várias partes do mundo; a mais bela, com sua cúpula dourada, fica em Paris. Santa Madalena também é honrada na Magia Cigana; para a Cigana Madalena cantamos:

Madalena cigana,

Minha ciganinha,

Lembre-se que eu tenho fé.

Madalena vem na aurora,

Quando a noite vai embora

E o dia começa a voltar.

O cigana me ajude,

Preciso muito de ti.

Me ajude, me ilumine,

Para eu me apaixonar.

Se você quer acabar com as brigas que abalam seu relacionamento, recorra a Santa Madalena, protetora dos ciganos; esse trabalho é fácil mas de muita força mágica, e lhe dará muitas alegrias.

O material é o seguinte:

Uma maçã bem vermelha

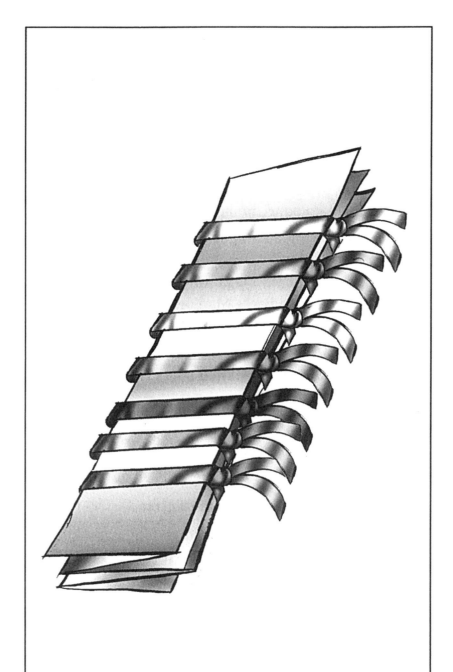

AMARRAÇÃO COM SETE FITAS

Um pedaço de papel branco virgem

Uma aliança de metal comum (bijuteria)

Três fitas: uma amarela, uma azul e uma lilás

Uma vela lilás

Escreva o seu próprio nome e o da pessoa amada no papel. Corte a maçã ao meio, retire suas sementes e coloque, no seu lugar, o papel escrito, juntamente com a aliança. Prenda juntas as duas metades da fruta, amarrando com as três fitas.

Enterre essa maçã ao pé de uma árvore e acenda a vela para Santa Madalena; agradeça e volte em paz para seu romance.

PERFUME DE AMOR CIGANO

Esse perfume é utilizado em muitos feitiços. Os ingredientes para confeccioná-lo são facilmente encontrados nas casas de artigos religiosos.

O material é o seguinte:

Uma porção de dandá da costa

Um vidrinho de essência de almíscar

Um vidrinho de essência de verbena

Um vidrinho de essência de rosa

Uma porção de pó de Santo Elói

Misture tudo e guarde.

Funciona como um ótimo filtro de amor, quando é usado nas extremidades do corpo.

CAPÍTULO 6

AMOR COM TODAS AS BENÇÃOS

Se não há amor, vivemos tristes e sem esperança. Poucas coisas são tão importantes para o ser humano quanto a realização afetiva. Por isso, em todas as tradições mágicas e religiosas do mundo, existe alguma fórmula especial que permite obter a bênção divina que é viver plenamente os vários caminhos do amor.

Veremos agora receitas pertencentes a várias tradições diferentes: magia européia, magia egípcia, hinduísmo e lamaísmo. Esses feitiços lhe permitirão aumentar seu poder de sedução, encontrar o parceiro dos seus sonhos, recuperar um amor perdido, trazer tranqüilidade para seu relacionamento afetivo e extrair o máximo de prazer da vivência sexual.

Para que esses feitiços de amor dêem certo, você precisa somente deixar fluir seu lado mais sensual e intuitivo nos dias em que for executar qualquer um dos rituais. Além disso, procure ter em mente, com o máximo de clareza, o objetivo que pretende atingir. Essa atitude facilita a ação das forças astrais com as quais você vai trabalhar e que se encarregarão de atender seus pedidos.

SHIVA E KALI TORNAM VOCÊ MAIS SENSUAL

Shiva é um dos mais adorados entre os deuses hindus; é o transformador, o que faz os mundos girarem. É o pai de Ganesha, o deus-elefantinho. Sua mulher chama-se Kali, a negra, a matadora de demônios, a terrível; ela tem quatro braços e usa um colar de caveiras. O nome original da cidade de Calcutá é

90 – Maria Helena Farelli

Kalicutá (a cidade de Kali); é uma cidade pesada pelas palavras não ditas, pela desordem, a miséria e o odor de morte. Aí existe um templo de Kali. Mas ela é adorada também em outras cidades indianas, como Bombaim, Délhi, Agra e Jaipur.

Se você quer ficar mais atraente e tornar sua vida sexual mais satisfatória, peça a ajuda de Shiva e Kali, o casal de divindades que simboliza a paixão.

O material é o seguinte:

Um prato de louça branco

Três rosas vermelhas

Um punhado de açúcar

Uma pitada de colorau

Um pedaço de papel de seda branco

Uma vareta de incenso indiano (com o aroma de sua preferência)

Este trabalho deve ficar dentro de casa; portanto, antes de começá-lo, resolva onde prefere deixá-lo. Se tiver um altar com as imagens de sua devoção, este é o lugar ideal; se não o tiver, ponha o trabalho em um lugar protegido em seu quarto.

Solte todas as pétalas das rosas e ponha-as dentro do prato. Junte o açúcar e o colorau; misture bem. Escreva seu próprio nome no papel. Coloque o prato já arrumado no lugar que escolheu, por cima do papel escrito. Acenda o incenso ao lado e invoque os deuses, fazendo seu pedido.

MAGIA DA OSTARA PARA ALEGRIA E AMOR

Os lamas tibetanos apontam seu par ideal

O povo do Tibete é muito pobre, mas é alegre. Os lamas são criaturas puras, cheias de paz e compaixão, que passam a vida inteira dedicando-se aos deuses; eles fazem teatros de bonecos e máscaras para representar suas divindades. Entre eles há Budas vivos, encarnações de Budas que são adorados pelo povo.

Se você deseja conhecer a fisionomia de seu futuro companheiro (ou companheira), faça esta magia.

O material é o seguinte:

Um cristal de rocha transparente

Um pouco de água de chuva

Uma roupa branca limpa

Lave o cristal com a água de chuva. Depois, tome um banho e vista a roupa branca.

Sente-se, mantendo o cristal à sua frente, e olhe para ele atentamente. Não pense em nada; não se preocupe com nada. Relaxe. Em algum momento, você começará a ver luzes dentro do cristal e, aos poucos, verá um rosto, o do seu futuro amor.

Caso não consiga ver nada da primeira vez, tente várias vezes. Ao conseguir ver o que deseja, lembre-se de agradecer aos lamas tibetanos.

Ísis concede paz e harmonia aos casais

O Cairo é uma cidade muito pobre; a maioria das obras de arte da Antigüidade egípcia não está lá, mas sim nos museus da Inglaterra, de Paris, dos Estados Unidos ou de Istambul. Mas, no Museu do Cairo, pode-se aprender muito a respeito do antigo Império egípcio e de sua religião. Quando lá estive, ouvi falar de Hórus, dos textos das Pirâmides, do poder de Amon-Rá e da reforma religiosa de Akhnaton. Conheci seus templos: nesses edifícios consagrados ficavam as imagens dos deuses, que eram diariamente lavados, vestidos e perfumados, que recebiam alimentos e eram levados em procissão nos dias de suas festas, e que proferiam oráculos. Descobri como Anúbis, o deus dos mortos, se assemelha a Omolu, e como Ísis lembra Oxum.

Os elementos fundamentais da religião egípcia foram sempre os deuses tutelares de porções do território. Essas divindades locais nem sempre eram deuses masculinos: grande número de senhorios primitivos pertenciam desde a Antigüidade a deusas. Assim, Anúkis era a deusa da primeira catarata; Bástis, da cidade de Bubastis; Sátis, de Elefantina; Uto, do Baixo Egito; Nekhbet, do Alto Egito.

Ísis era esposa de Osíris e mãe de Hórus, o deus-menino. Como as outras, ela pode realizar magias que fazem nascer a paixão.

Se você quer viver em perfeita harmonia com seu par e eliminar os possíveis concorrentes, peça a ajuda de Ísis com este trabalho.

O material é o seguinte:

Uma porção de arroz cru

Um prato de louça branco

Uma rosa branca

Uma vareta de incenso de sândalo

Coloque o arroz dentro do prato. Desfolhe a rosa e misture suas pétalas ao arroz. Coloque esse prato em seu altar e acenda junto dele o incenso, oferecendo o trabalho a Ísis.

MAGIA PARA ATRAIR NOVO CASAMENTO

No dia 22 de março, as bruxas do mundo inteiro comemoram o sabá de Ostara, a festa mágica do amor. Este sabá das bruxas representa o florescimento do amor e da sensualidade. E nessa ocasião em que o deus dos campos e das colheitas assume a forma de um jovem vigoroso, na plenitude da sua juventude e sensualidade, e abandona a forma do andróide de chifres, de Seleno e Pã.

A Grande-Mãe, divindade máxima no culto das bruxas, atinge o auge de sua beleza e de seu poder. Ela dança nos ventos, gira no ar e vem à Terra colher flores e frutos.

Essa transformação reflete-se em nossas vidas diárias. Nós, mulheres, passamos a sentir-nos mais alegres, desejáveis e dadivosas; por isso, essa é uma época ótima para a realização das magias de amor da tradição Wicca, relatadas neste capítulo.

Ostara é a festa da fecundidade; por isso, foi a origem dos ovos de Páscoa, que fazem parte da magia desse dia.

A MAGIA DO TARÔ

O material é o seguinte:

Varetas de incenso ou ramos de alecrim fresco

Ramos de flores do campo

Velas em cores diversas

Abóboras morangas de tamanhos variados

Potinhos de mel

Ovos cozidos com a casca pintada e/ou ovos de páscoa

Espalhe por toda a casa, para perfumá-la, o incenso, os ramos de alecrim e as flores.

Ilumine todos os cômodos com o auxílio de velas coloridas.

Decore a casa com as abóboras cruas, com os ovos coloridos e os potes de mel.

Enquanto faz isso, mentalize o que deseja.

MAGIA DE OSTARA PARA CONSEGUIR ALEGRIAS E AMORES

No dia desse Sabá, você pode fazer esta magia forte para o amor.

O material é o seguinte:

Uma caixa de papelão pequena

Papel de presente vermelho

Uma moeda dourada

Uma noz inteira

Uma bijuteria que você já tenha usado

Algumas lascas das suas próprias unhas

Alguns fios de cabelo da pessoa amada

Forre a caixa com o papel vermelho. Ponha dentro dela todos os objetos. Feche a caixa e esconda-a em um cantinho do seu jardim ou, caso não o tenha, junto a um vaso de planta em sua casa. Na festividade de Ostara do ano seguinte, pegue a caixa e leve-a, com todo o seu conteúdo, para um jardim perto de sua casa. Agradeça mentalmente à deusa por todas as bênçãos que tenha recebido durante o ano que passou e vá jogando os objetos no jardim.

INCENSO DE ARTEMÍSIA

As bruxas nos contam segredos. Entre elas, conheci uma velhinha romena, cartomante, que me ensinou algumas bruxarias de amor.

Todos nós, os místicos, acreditamos nos incensos e os usamos sempre. Mas o de artemísia é especial: segundo essa bruxinha romena, faz com que você sonhe com seu futuro. Esse incenso é fácil de preparar.

O material é o seguinte:

150 g de folhas secas de artemísia

Um pratinho de barro

Realize este ritual pelo menos uma vez por semana; execute-o durante o dia.

Coloque as folhas de artemísia no pratinho e ponha fogo nelas. Ande por toda a casa levando esse

98 – Maria Helena Farelli

pratinho, espalhando a fumaça de artemísia, especialmente nos cantos sobre a cama.

Um travesseiro especial

As ervas e plantas têm muitos usos em trabalhos e curas (Farelli, 3). A bruxa da Romênia ensinou-me a fazer um travesseiro que ajuda a ter sonhos especiais.

O material é o seguinte:

Um travesseiro novo, sem uso

Três raminhos de alecrim fresco

Faça uma pequena abertura na costura do travesseiro; ponha dentro dele os raminhos de alecrim e costure novamente.

Durma com esse travesseiro sempre que quiser obter respostas a alguma pergunta pelos sonhos.

Nota: se desejar conhecer mais sobre trabalhos e curas com plantas, leia da mesma autora *Plantas que curam e cortam feitiços*.

Ajuda do tarô no amor

O tarô pode ajudar a aumentar sua capacidade natural para interpretar sonhos de amor.

O material é o seguinte:

A carta número 21 (O Mundo) do Tarô

Sempre que você quiser ter um sonho de amor, que revele o que lhe está acontecendo nesse momento, coloque essa carta debaixo do travesseiro; essa carta torna mais forte sua sensibilidade.

LENÇÓIS PODEROSOS E MÁGICOS

Os lençóis de sua cama podem transformar-se em poderosos objetos de magia. Faça esta magia sempre que quiser ter sonhos reveladores a respeito de seus amores.

O material é o seguinte:

Um lençol comum, dos que usa normalmente

Perfume de alfazema

Giz branco

Na manhã de um sábado, lave seu lençol com a alfazema e ponha para secar ao sol. Depois que estiver seco, escreva nele, com o giz, o nome do seu amado. Faça sua cama com esse lençol; dormindo sobre ele, você terá sonhos maravilhosos...

FEITIÇO DE AMOR COM BONECOS

A magia feita com desenhos e bonecos de feitiço é uma tradição universal e tem suas origens na magia simpática da Pré-história. Naquele tempo, entre 10.000 e 60.000 anos atrás, os homens saíam para caçar a rena e o bisão enquanto, dentro da caverna, ficava um homem desenhando os caçadores que matavam os animais: os homens do paleolítico pensavam que esse desenho tinha um efeito mágico e ajudava na caçada. Esses desenhos ainda podem ser vistos em locais como as

100 – Maria Helena Farelli

cavernas de Altamira, na Espanha, e Lascaux, na França (Farelli, 4): arte e magia nasceram juntas...

Em monumentos antigos, como o do rei Naram-Sin de Susa, com cerca de 4.000 anos, existem fetiches, marcas dos feiticeiros caldeus e babilônios, adoradores da deusa Inana, a Senhora dos Céus (ou Nidaba, a deusa-grão). Nas mastabas junto à grande pirâmide de Gizé (construída cerca de 2.700 a.C.) encontram-se bonecos representantes de crenças na feitiçaria. Sacerdotes egípcios de Anúkis e Maet também faziam bonecos e os batizavam com o nome da pessoa que pretendiam atingir.

As estátuas em homenagem aos deuses nada mais são do que a continuação do fetiche, do boneco de feitiçaria; a própria palavra feitiço deriva de fetiche, que significa imagem, boneco. As imagens, os bonecos, os vodus representam os antigos totens, os animais ancestrais do homem. E por esta razão que as imagens dos deuses muitas vezes são feitas tendo ao lado os animais totêmicos. A grande Athena, feita por Fídias entre 447 e 432 a.C., tinha seu animal a seus pés; Laocoonte e seus filhos são desenhados cercados por serpentes. O mesmo ocorre com os orixás e com vários santos católicos, como São Lázaro com seu cachorro inseparável.

Na Nigéria, por volta do ano 1600, os artistas negros faziam seus deuses e atribuíam-lhes vida; Oro, o deus da guerra do Taiti, ao ser esculpido, era batizado para que tivesse uma "vida". As máscaras rituais da Nova Guiné, usadas por membros de uma sociedade secreta, eram também espécies de bonecos – vodus –

FEITIÇO DE AMOR COM BONECOS

de feitiço; as máscaras rituais do Alasca nada mais são que fetiches. Entre nossos índios, os bonecos feitos de barro também foram uma constante. Toda feitiçaria nasce do fetiche e do animal totem ou da divindade que protege a tribo ou clã.

Essa mesma magia simpática é praticada ainda hoje, quando amarramos alguém ou fazemos um ebó (feitiço): a concepção é a mesma, velha como a civilização humana. Acredita-se que esses bonecos, batizados e feitos de modo a ter semelhanças com alguém, possam ter alguma relação com essa pessoa. Unindo dois bonecos, acreditamos que o casal representado se unirá. Mas, haverá um jeito de o feitiço não pegar? Sim, há: manter o corpo limpo com banhos de ervas e a mente pura com bondade. A bondade é uma couraça, uma arma contra os inimigos, um abre-caminhos dos mais fortes que existem. Usá-la todo dia pode mudar sua vida.

Não é preciso ir muito longe para presenciar esse ritual. Em algum subúrbio, pode existir um templo onde ele seja praticado. Certa vez, visitei um deles, em uma ilha do litoral do Rio de Janeiro. E uma ilha como tantas outras da região, cheia de bananeiras, canaviais, praias lindas e gente amiga. Nelas o mistério escorre como um óleo. Nelas as lendas nascem na boca das velhas rezadeiras de quebranto, nas lentas conversas entre goles de bebida.

Já de longe escuta-se a zoada dos tambores na noite chuvosa, misturando-se com o vento e o canto do mar. É um som bárbaro, primitivo, mas impossível de ser esquecido. Quem o ouve uma vez, mesmo que não goste, guarda-o no coração ou na alma. Os atabaques têm o poder de cortar, qual navalha afiada, qual punhal de boiadeiro, e penetrar no nosso íntimo, fazendo o sangue pulsar forte. Os tambores têm a força de agitar, modificar, criar sensações, entorpecer os sentidos e trazer os espíritos. Mesclando-se aos gemidos das ondas, qual uivo de loba faminta, fazem uma música tenebrosa, assustadora, na praia em que é preciso ir para colher um feitiço de amor.

Enquanto a chuva engrossa e o vendaval sacode os canaviais, um índio velho trabalha na senzala apodrecida pelo tempo. Logo à entrada, uma feiticeira, com um molho de ervas na mão, chinelas, saia rodada de chita e rosário de contas de Nossa Senhora, recebe os visitantes:

"– Se você está com problemas de amor, solidão ou melancolia, pode ser que você esteja com o caminho do amor fechado..."

Desejo saber por que o lugar parece ter tanto feitiço.

"– É que aqui ainda existem as senzalas e a Casa Grande de outrora. Há cem anos a ilha era coberta de canaviais que foram plantados por mãos de escravos, e suas almas penadas ainda estão por aqui... Mas quem mais 'trabalha' aqui, em amarrações, é o velho Cunhambebe."

O lugar é impressionante. Pelas paredes espalham-se pinturas de índios matando cobras, onças e inimigos; pedaços de peles de jibóia, chicotes e colares de pedrinhas, tudo em uma mistura surrealista. Bancos de madeira, raízes espalhadas por todo lado, peles de cobras, dentes de animais, alguidares, tudo se mistura em uma babel de magia negra. Quem tiver coragem que entre em busca do mistério do amor sensual na festa dos espíritos dos mares, das matas e da areia. Foi aí que aprendi o ritual de amarração que agora ensino. Mas veja bem: a mão que faz este trabalho deve ser forte, uma boa mão, e a pessoa que pede o trabalho deve estar bem certa de que quer aquele a quem amarra, pois o trabalho é muito sério.

O material necessário é o seguinte:

Um casal de bonecos

Duas fitas: uma vermelha e uma preta

Uma vela preta e vermelha (bicolor)

Uma rosa vermelha

Perfume cigano de amor (ver no Capítulo 5)

Uma pedra cigana colorida (que já deve ter sido preparada magicamente)

Para ter êxito, é preciso primeiramente saber os nomes completos das pessoas a quem queremos unir: se forem casadas, é preciso saber o nome de batismo e o nome atual também.

Cada boneco é batizado com o nome completo de uma das pessoas. A seguir, os bonecos são amarrados juntos com as fitas preta e vermelha, enquanto se mentaliza o pedido.

Junto aos bonecos, coloca-se a rosa e acende-se a vela; podem ser colocados também o perfume e a pedra cigana, para dar axé. Assim se enlaça alguém pelo fetiche...

CAPÍTULO 7

BANHOS E PERFUMES PARA O AMOR

A água da cachoeira
É de Mamãe Oxum, é de Oxumarê,
Aieieô, é de Mamãe Oxum.

O banho é a renovação do corpo e da alma. Quando o corpo se sente bem e refeito dos cansaços, a alma está apta para vibrar de amor e luz. O iniciado sabe, quando se banha, que não está lavando apenas o corpo. Sabe que essa operação reflete-se na alma, na sua disposição de ânimo.

Segundo os mitos hebraicos, Moisés impôs aos hebreus os banhos perfumados como abluções litúrgicas. A Grécia, e em especial Creta, nunca dispensou o banho litúrgico, antes de qualquer ato importante na vida. Mesmo a Roma pagã teve seus cultos nos banhos das piscinas públicas; o asseio corporal sempre foi considerado respeito aos deuses, no tempo dos césares. Os bárbaros é que acabaram com essa prática sadia na Europa, e entre os ciganos era pouco usada.

Na índia, no longínquo Oriente; entre os Assírios e Caldeus, na China e no Japão, mesmo entre nossos índios, o banho foi sempre um ato sagrado e de renovação. O banho é batismo. Jesus banhou-se no Jordão, ao ser batizado por João. Esse foi um ato mágico espiritual e de intensa pureza.

Há sempre um rio ou um mar sagrado em cada terra boa. Há sempre um grande rio para cada grande civilização. O Nilo, segundo Heródoto, é o criador do Egito, das pirâmides, da esfinge; é mistério. Num local acima do Nilo, floresceram os núbios, os donos do ouro.

O Ganges é a eternização do bramanismo. O Tigre e o Eufrates representam os mistérios da Caldéia milenar. O Tibre revive a mitologia dos Romanos. O Sena foi o berço da Lutécia. O Tâmisa, o Tejo, o Ebro, o Elba, o Reno, o Volga, Hudson, o Missisipi, o Orenoco, todos, enfim, são como veias da terra. A água é lágrima que cai do céu e se transforma em vida, em vegetação luxuriante.

No Brasil, temos o Amazonas, o imenso "mar doce" das nossas terras, o berço de boiúna; o Paraíba dos nossos tupinambás e tapuias; a grande lagoa dos Patos no Rio Grande do Sul, a imensa praia dos Acaraúnas; o Guaíba, o Tietê dos bandeirantes, o Prata dos minuanos, o Uruguai dos guaranis; os rios que banharam nossas avós, que nos tempos coloniais enchiam as tinas de água.

Esses são os rios. Precisaríamos de mil obras para exaltarmos a história deles. E o mar? Que dizer dele, do grande mar misterioso e profundo, que traz em seu seio a própria vida do planeta?

Oh! o mar! Salve, Iemanjá! Salve, Sereia! Salve, Lorelai! Salve as Ondinas, nereidas e ninfas da água, crença do povo.

BANHOS DE DESCARGA

Banhos de descarga são os de limpeza áurica. Devem ser usados antes dos banhos de atração.

O primeiro banho de descarga é um verdadeiro batismo. Há uma sensação de mistério para o neófito. Qual é o poder daquelas ervinhas mágicas, fervidas, maceradas? Que bem lhe fará o banho? Que mal lhe fará? Que sensação produzirá? Irá descarregá-lo, livrá-lo de velhas cargas más, aliviar-lhe talvez a cruz cármica?

A primeira "receita" importante que é dada por um caboclo ou preto-velho a um filho que vem para a Umbanda é a do banho de descarga. Como deve ele ser feito? Com água pura e ervas apropriadas.

Cozinham-se as ervas indicadas com água, em uma panela bem grande e, após um bom banho higiênico, com água e sabão, despeja-se a infusão pelo corpo, do pescoço para baixo. Não se enxuga o corpo e veste-se uma roupa bem limpa.

Depois do banho de descarga, toma-se o de atração, que deve ser de imersão.

Os banhos de proteção de alguns orixás são apropriados para descarga; outros são adequados para atração, harmonia, saúde etc., de acordo com as características de cada orixá.

Banho de proteção de Oxalá

O banho de Oxalá pode ser usado para harmonia e saúde em geral. Pode utilizar algumas das seguintes ervas:

Alecrim

Algodão

Manjericão

Bem-com-Deus

Palmas de Oxalá

Tapete de Oxalá

Palmas de Jerusalém

Pétalas de girassol

Saião

Parreira

Espada-de-são-jorge, comum e amarela

Levante

Guiné

Arruda macho e fêmea

Cravos brancos e vermelhos Lírios

Copo-de-leite

Palmas de São José

Rosas amarelas

BANHOS DE PROTEÇÃO DE OXUM

Esses banhos são de atração e devem ser usados em casos de amor. As ervas adequadas são as seguintes:

Folha da costa

Malmequer

Orepepê (oripepeu)

Oriri de Oxum

Acaçá

Yuca (cacho floral)

Alamanda

Colônia

Arruda

Lírios brancos

Jasmim

Manjericão

Erva cidreira

Rosas brancas

Alecrim

Alfazema

Guiné

Quina

Folha de maçã

BANHOS DE PROTEÇÃO DE OXÓSSI

Esses banhos são adequados para descarga. As ervas apropriadas são as seguintes:

Bredo de Santo Antônio

Caiçara

Folha da costa

Espada-de-são-jorge

Levante

Guiné

Arruda macho e fêmea

Barba de pau

Folhas de louro

Macaia de Oxóssi

Folhas de jurema

Aroeira

Alecrim

Erva de caboclo

Vence-demanda

BANHOS DE PROTEÇÃO DE IEMANJÁ

Esses banhos de atração servem para casos de amor, paz na família, casamento e filhos. As ervas adequadas são as seguintes:

Olhos de Santa Lúcia (trapoeraba azul)

Rosas brancas

Cravos brancos

Hortelã

Aguapé

Manjericão

Alfazema

Jasmim

Flores de laranjeira

Lírios

Angélica

Palma-de-são-josé branca

Guiné

Hortênsias brancas

Manjerona

Alecrim

Orquídea branca

BANHOS DE PROTEÇÃO DE OGUM

Beira Mar, auê Beira-Mar

Eu estava na minha banda,

Eu estava no meu gongá,

Eu estava na Aruanda,

P'ra que foram me chamar.

Esses banhos servem para descarga. As ervas utilizadas são as seguintes:

Aroeira

Cajarana

Espada-de-são-jorge Guiné

Arruda macho e fêmea

Cipó mil-homens

Quebra-tudo Levante

Palmas-de-são-josé

Banhos de proteção de Iansã

Esses banhos de atração servem para casos de amor, brigas e ciúmes. As ervas utilizadas são as seguintes:

Bradamundo (levante)

Bétis cheiroso

Arruda macho e fêmea

Erva-santa

Folha de fogo

Erva prata

Carqueja

Guiné

Rosas brancas

Quebra-tudo

Girassol

Flores ou folhas de laranjeira

Flores de angélica

Cipó mil-homens

Alfazema

Palma-de-são-josé

Banhos de proteção de Xangô

Os banhos de Xangô podem servir para descarga ou para atração em casos de amor. As ervas utilizadas são as seguintes:

Espada-de-são-jorge, de borda amarela

Quebra-tudo

Levante

Guiné

Arruda macho e fêmea

Folhas de camboim

Verbena

Cravos amarelos e vermelhos

Palma-de-santa-rita

Cipó mil-homens

Cipó ferro

Casca ou seiva de jatobá

Folhas de coqueiro

Folha da fortuna

Cedro rosa

Cambará

Pétalas de girassol

Rosas amarelas

Banhos de proteção de Obá

Esses banhos servem para casos de lutas de amor. As ervas adequadas são as seguintes:

Palmas-de-santa-catarina

Espada-de-são-jorge

Guiné

Arruda macho e fêmea

Levante

Quebra-tudo

Cipó mil-homens

Palma-de-são-josé

Flores de angélica

Rosas brancas

Girassol

Gervão

BANHOS DE PROTEÇÃO DE NANÃ

Esses banhos de atração servem pera promover a paz na família. As ervas indicadas são as seguintes:

Manacá

Cipreste

Levante

Arruda macho e fêmea

Manjerona

Palma-de-são-josé

Folhas de flor-de-santana (manacá)

BANHOS DE PROTEÇÃO DE IBEJI

Esses banhos de atração servem para amarração e união. As ervas utilizadas são as seguintes:

Arruda macho e fêmea

Folhas de laranjeira

Hortelã

Salva

Guiné

Manjericão

Rosas brancas

Alecrim

BANHOS DE PROTEÇÃO DE OMOLU

Esses banhos servem para cura de doenças. As ervas indicadas são as seguintes:

Velame

Urtiga

Casadinha

Canela-de-velho

BANHOS DE PROTEÇÃO DE EXU

Mandaram um recado para mim,

Dizendo que seu Marabô ia chegar.

Também mandaram dizer que vem

Acompanhado de mulher.

Exu (Farelli, 5,6), mensageiro dos orixás nagôs, sempre foi invocado para magias de amor. Há na própria natureza de Exu, em seu caráter fálico, esse apelo ao ato sexual e amoroso; talvez por isso seja ele o ente mais querido dentro dos terreiros de Umbanda e de Candomblé, e o principal motivo da perseguição (velada ou não) a esses terreiros.

Os banhos de Exu são usados em casos de demandas de amor. As ervas apropriadas são as seguintes:

Arioró

Carrapateira

Flor-da-fortuna

Gameleira

Espada-de-são-jorge

Folhas de marmeleiro

Levante

Guiné

Salsa

Arruda macho e fêmea Quebra-tudo

AMACIS

Amacis são banhos que servem para limpar a cabeça antes dos banhos de atração. As ervas indicadas são as seguintes:

Guiné

Arruda

Manjericão

Aroeira

Cipó-caboclo

Tapete de Oxalá

Folha de mangueira

Mal-com-tudo

Bem-com-deus

Folha de pau-d'alho

Caroba branca

Flor do campo

Dama da noite

Rosa branca

Jasmim

OS PERFUMES DE AMOR DOS NAGÔS

Os perfumes de aroma picante, quente e gostoso vieram para o Brasil no tempo da descoberta. Incenso, óleos de madeiras, frutos raros vindos do Oriente singravam os mares e vinham enfeitiçar a Europa, ainda na fase pós-medieval; e logo chegaram às Terras de Santa Cruz nas caravelas.

A noz-moscada, o cravo da índia, a canela, esses cheiros de encantamento vieram do Oriente na rota das índias. As sinhás os usavam na comida e para perfumar o ambiente.

Logo depois começaram a desembarcar os cheiros vindos da África: obi, orobô, patchuli, azeite de palma, dendê, bijiricum, malagueta. Esses cheiros quentes, do agrado dos orixás nagôs, somaram-se aos aromas nativos das frutas e das flores, do jasmim, da pitanga e da flor da noite, resultando nos chamados perfumes de atração, hoje tão em moda.

Os nagôs passaram seus conhecimentos aos índios e aos brancos; o Candomblé nasceu dessa fusão de concepções. Mesmo mantendo-se o mais puro e fechado possível, muito sincretismo houve. E os perfumes e pós de axés refletem bem esse sincretismo. Somaram-se perfumes de índio, de branco e de negro para fazer os aromas de amarração, de atração e de amor. E fez-se um aroma ardente como a mulata brasileira. Mestiço e maneiro como nossa gente. E toma a nascer menino mameluco, mulato, cafuzo, graças a Deus! O amor correu pelas Gerais na rota da esmeralda e do ouro; correu pelos cafezais e pelos canaviais. O amor foi o vinho que regou a alma desse povo místico e simples.

Os pós (ou atim, como são chamados pelos africanos), feitos com os produtos aromáticos bem triturados, estão ligados às amarrações; são segredos do roncó, o local reservado às preparações ritualísticas da religião nagô e da angola.

Os orixás nagôs têm seus mitos e lendas, e constituem uma constelação familiar. Por causa dessas lendas, muita gente pensa nos orixás como seres humanos. Assim, lembram-se de que Oxum encantou Xangô e casou com ele; e usam os perfumes de Oxum para agradar seu amado. Lembram-se de que Iansã casou com Ogum e usam os aromas de Iansã para agradar seu homem; e assim por diante.

O pó tem sempre ligação com um determinado orixá. Um banho para amor, em receita de terreiro, tem relação com o orixá de quem vai usá-lo. É preciso lembrar que, se os pais e antepassados são os genitores humanos, os orixás são os genitores divinos. Um ser humano será descendente de um orixá que considera seu pai (*baba mi*) ou sua mãe (*iyá mi*), de cuja matéria simbólica (ar, terra, fogo, água) o ser humano será uma parte. Assim, nossos orixás são nossos criadores simbólicos e espirituais, nossos ancestrais divinos. De um modo geral, o povo não sabe de coisas tão complicadas, mas acerta quando usa os perfumes de seu orixá, que está ligado ao seu elemento de natureza particular. Por isso, o perfume deve ser feito para quem vai usá-lo.

Perfume feito com álcool, pós, essências e ervas. Um dos perfumes mais fortes leva os seguintes ingredientes:

Essência de almíscar

Essência de rosa, pétalas de rosas

Obi

Orobô

Pemba

Essência de patchuli

Fava de tonga ou do divino

Álcool

124 – Maria Helena Farelli

Todos os ingredientes são postos a macerar no álcool durante alguns dias; depois, o perfume é filtrado e guardado.

Alguns chegam a levar pemba vermelha e rosas rubras ou papoulas. Coisas de Exu...

Segundo os nagôs, Exu foi criado como se fosse uma receita de poder sobrenatural próprio para cada pessoa. Isto quer dizer que cada pessoa tem à mão seu próprio martelo, sua força ou remédio. Tem o poder sobrenatural, podendo utilizá-lo conforme bem desejar. Exu exerce as mesmas funções de todos os orixás. Cada orixá possui seu Exu próprio; nos ritos de oferecimento, eles comem juntos. Mas Exu, como é força mágica, pode atrair um amor para quem o desejar. Pois ele é força de mistério e magia. E o que mais é o amor do que magia? E o que mais é o amor do que mistério?

Se olham, se desejam,

Se acariciam, se cheiram,

Se penetram, se sugam, se iluminam,

Se mastigam, se acasalam, se estremecem

Se contemplam, se inflamam,

Se enlouquecem...

Assim é o amor... fascínio. E quem melhor que Exu para entrar nos fuxicos de amor? Quem melhor do que aquele que corre os nove espaços do Orum, que vai de Aiyê a Orum com sua capa de mistério? Ele, que resulta da integração da água e da terra, forte como o mistério do sexo, vivo como a chama, bêbado de água e vinho de palma, saciado de tudo que a boca come, farofa, menta, dendê e mel, que afasta a todos que o atacam, senhoril e sutil, dono das encruzas onde os caminhos se encontram, mestre da lábia e da farra?

Vens a mim, tomo-te em meus braços

E te estreito, estreitando mais os laços

Do teu, do meu, do nosso grande amor.

Iyá, Iyá, ng ó je ó! Depois Exu devolveu sua mãe; foi lá em Iworo, cidade africana. Assim contam as lendas de Exu, mostrando sua fome, sua força de sexo, igualzinho aos entes humanos sempre atrás do amor, como esses lésè-egum e lésè-orixá, Exu, através de quem podemos adorar as iyá-mi, pois ele é o único elemento de comunicação dentre os mitos nagôs que chegaram a nós. Assim, em amarrações, perfumes, pós, além dos orixás, é importante agradar a Exu, falam os pais-de-santo, pois ele é o elemento mágico por excelência... Assim falam os descendentes de Odudua, emigrantes de um mítico lugar chamado Ilê-Ifé... assim contam os rezadores, mandingueiros, macumbeiros, as ialorixás, os poetas de cordel, os raizeiros, os adoradores das pedras, os montadores de bodes, os filhos- de-santo, os babalaôs, os santeiros e os do pagode, os escritores do fantástico como esta irmãzinha de vocês. Axé... e amém!

ANEXO

ORAÇÃO DE SANTO ANTÔNIO

Glorioso Santo Antônio, amigo do Menino Jesus e servo fiel de Maria Santíssima, nunca se ouviu dizer de alguém que a Vós tivesse recorrido, que tenha ficado desamparado. E por isso que, pecador que sou, sinto confiança em recorrera Vós. Tomai sob vossa proteção minha vida e meus trabalhos; protegei-me e defendei-me nos perigos e nas aflições do corpo e da alma. Intercedei por mim junto a Cristo e, se for para o meu bem, fazei com que eu alcance a graça que vos peço (especificar o pedido). Amém.

OBRAS CONSULTADAS

BRAGA, Teófilo. *As lendas cristãs.*

DRIOTON, Etienne. *As religiões do Oriente.*

FARELLI, Maria Helena. *A peleja de Xangô com a diaba sem rabo, (1).*

FARELLI, Maria Helena. *Feitiços do Catimbó (2)*

FARELLI, Maria Helena. *As plantas que curam e cortam feitiços (3).*

FARELLI, Maria Helena. *As sete forças da Umbanda (4).*

FARELLI, Maria Helena. *As sete giras de Exu (5)*

FARELLI, Maria Helena. *Rituais secretos da magia negra e do Candomblé (6)*

GASTER, T.H. *Les plus anciens contes de l'humanité.*

JUNG, Carl. *O homem e seus símbolos.*

RAMOS, Arthur. *O negro brasileiro.*

RODRIGUES, Nina. *O animismo fetichista do negro baiano.*

SILVA, P. da. *Comidas de Santo e oferendas aos Orixás.*

TEIXEIRA NETO, Antônio Alves. *O livro dos Exus.*

VERGER, Pierre. *Os Orixás.*

A AUTORA

Maria Helena Farelli é uma autora bastante conhecida nos meios da Umbanda. Carioca, formou-se em jornalismo em 1966. Tendo ligações familiares com as tradições mágico-religiosas e afro-brasileiras, desde o início de sua carreira interessou-se por pesquisar e divulgar o assunto. O resultado da sua experiência pessoal e de seus estudos foi a publicação de dezenas de livros sobre temas como Umbanda, Candomblé, Catimbó, Cartomancia e Magia.

Como jornalista, assinou páginas sobre folclore e tradições populares em revistas e jornais de grande circulação, além de apresentar programas de rádio sobre os mesmos temas.

A união de suas experiências religiosa e profissional resultou em sua ligação com o Círculo de Escritores e Jornalistas de Umbanda do Brasil, que dirige desde 1974.

Atualmente a autora oferece cursos e consultas em diversas técnicas adivinhatórias em seu Templo de Magia Cigana, no Rio de Janeiro.

Este livro foi impresso em agosto de 2014,
na Edigráfica, no Rio de Janeiro.
As fontes usadas são a Palatina para o texto e a Óptima Bold,
Abadi Mt Condensed Light e Pewin para os títulos.
O papel de miolo é o pólen bold $90g/m^2$ e o de capa cartão $250 g/m^2$.